JN000357

居住性能確保のための
環境振動設計の手引き

Introduction to Environmental Vibration Design
for Ensuring Habitability

日本建築学会

ご案内

本書の著作権・出版権は（一社）日本建築学会にあります．本書より著書・論文等への引用・転載にあたっては必ず本会の許諾を得てください．

R 〈学術著作権協会委託出版物〉

本書の無断複写は，著作権法上での例外を除き禁じられています．本書を複写される場合は，（一社）学術著作権協会（03-3475-5618）の許諾を受けてください．

一般社団法人　日本建築学会

序

私たちが暮らす建物内外では，大なり小なりの振動が常時発生している．このような私たちの生活周辺に生じている振動を扱う学問領域として位置づけられているのが「環境振動」である．日本建築学会では，「環境振動」を「地盤，建物など，ある広がりをもってわれわれを取り巻く境界の日常的な振動状態をいうものとする．したがって，特定の振動源単体や強い地震などは除かれるが，広義には含めてもよい」と定義している．はじめて「環境振動」という用語が使われたのは，今から約 40 年前に本会にこの分野の委員会を設置することが決まった際，委員会の名称を「振動環境」とするか「環境振動」とするかについての議論がなされたときである．いまでは，「環境振動」の用語は国内だけでなく国際的にも Environmental Vibration として広く用いられている．

本会「建築物の振動に関する居住性能評価指針・同解説」（以下，評価指針という）は，日本初の建物内部における「環境振動」に関する評価指針として 1991 年に刊行された．その後，2004 年に改定が行われ，さらに 2018 年には最新の知見を取り入れて内容を一新し，「建築物の振動に関する居住性能評価規準・同解説」（以下，評価規準という）と書名を変更して刊行された．

1991 年版では，居住性能を左右する重要な要因として，歩行・走行・跳躍などの人の動作や設備機器により建物内部で生じる床の鉛直振動と強風により励起される高層建築物の長周期水平振動を取り上げ，それらの振動に関する評価曲線が提示された．さらに，設計における推奨値を示すことにより構造設計者に広く利用された．1991 年版が構造設計者の利用を強く意識した評価指針となった理由には，当初，構造委員会鋼構造運営委員会から環境工学委員会環境振動運営委員会に「強風に対する高層建築物の居住性の恕限度を設計クライテリアとして示してほしい」という強い要望があり，それが評価指針作成のきっかけになったという背景があった．

2004 年版では，指針で取り上げてほしいという要望の強かった道路交通振動と鉄道振動を新たに加えて全体の枠組みが拡張された．道路交通振動は，振動源側の規制のために工場振動や建設作業振動とともに 1976 年に施行された振動規制法の対象でもある．1991 年版における床の鉛直振動と高層建築物の長周期水平振動と同じように，道路交通振動と鉄道振動の鉛直振動と水平振動に対する評価曲線が新たに提示された．しかし，1991 年版のように推奨値を示すことはせず，建築主と設計者との合意形成に基づいて決定される許容値を設計クライテリアとする方針に変わった．評価曲線の指標としては，振動を感じるか感じないかの知覚限界を超えた人数の割合（知覚確率）が用いられた．この枠組みの中で，2010 年には本会から「環境振動性能設計ハンドブック」が刊行されている．

2018 年版は，2004 年版の改定として位置づけられるが，書名の変更が示すように，これまでの「評価指針」とは対象とする範囲が異なっている．改定を機にその枠組みを見直し，物理現象としての振動とその振動に対する人間の感覚および評価との普遍的な関係を性能評価図で提示することになった．これまでの「評価指針」において振動源別に提示されていた評価曲線は，「評価規準」では「定常的な振動（水平・鉛直）」と「非定常的な振動（水平・鉛直）」という振動特性に基づく評価曲線へと変更された．また，2004 年版で使われた知覚確率の指標は，建築主と設計者の合意形成を図る際にわかりづらいという指摘が多かったため，言語表現による体感指標に変更された．さらに，人の振動感覚は時間項の影響が大きいことを踏まえ，学術的な知見のもとに，継続時間による体感振動への影響を考慮した時間効果が導入された．

一方，この新しい「評価規準」に準じた設計方法については，本書「居住性能確保のための環境振動設計の手引き」（以下，設計の手引きという）が引き継ぐことになり，今回の刊行に至った．「設計の手引き」では，環境振動設計を性能設計の枠組みで体系化している．建築主の要求性能は，環境振動性能マトリクスを用いた性能グレードの選択により

決定することにし，その際の参考として標準的な性能グレードを示した．環境振動が対象とする多様な振動源を，自然振動源（風・地震），内部人工振動源（人間活動・設備機器）および外部人工振動源（道路交通・鉄道・工場）に大別し，環境振動設計の統一化という観点から振動源共通の基本的な設計フローを構築した．さらに，基本的な設計フローから振動源別の設計フローを作成し，それぞれの振動源に対する設計方法の特徴と留意点を具体的に解説した．

「設計の手引き」は，環境振動設計に携わる設計者にとって道標となるような内容を目指しているが，新しい「評価規準」に準じた設計体系を統一的に記した最初の書籍であり，内容的にはまだ不十分な部分もあると思われる．そのような箇所は，今後の研究・技術の進歩・発展に伴う新たな知見も加えながら順次改善していく予定である．初版となる本書がより良い書籍として成長できるように，ご指導・ご鞭撻をいただけると幸いである．

2020 年 6 月

日本建築学会

本書作成関係委員

－（五十音順・敬称略）－

環境工学委員会

委員長	持田　　灯
幹　事	秋元　孝之　　　上野佳奈子　　　大風　　翼
委　員	（略）

環境振動運営委員会

主　査	松本　泰尚
幹　事	鈴木　健司　　　冨田　隆太
委　員	（略）

環境振動設計指針策定小委員会

主　査	濱本　卓司
幹　事	上明戸　昇　　　国松　　直
委　員	石川　孝重　　　井上　勝夫　　　井上　竜太　　　佐伯　兼久　　　鈴木　雅晴
	高野真一郎　　　原田　浩之　　　松本　泰尚　　　横山　　裕

環境振動設計指針策定検討ワーキンググループ

主　査	濱本　卓司
幹　事	原田　浩之
委　員	相原　知子　　　石田　理永　　　小田島暢之　　　片岡　達也　　　上明戸　昇
	小島　宏章　　　佐伯　兼久　　　崔　　井圭　　　富岡　昭浩　　　西川　大介
	東田　豊彦　　　山中　祐一　　　吉松幸一郎

企画刊行運営委員会

主　査	岩田　利枝
幹　事	菊田　弘輝　　　望月　悦子
委　員	（略）

執筆委員

相原　知子　　　崔　　井圭　　　濱本　卓司　　　原田　浩之　　　東田　豊彦　　　山中　祐一

執筆担当者

第1章　環境振動設計の概要
　　濱本　卓司

第2章　自然振動源に対する環境振動設計
　　相原　知子　　小田島暢之　　西川　大介　　原田　浩之

第3章　内部人工振動源に対する環境振動設計
　　山中　祐一　　片岡　達也　　佐伯　兼久　　吉松幸一郎　　濱本　卓司

第4章　外部人工振動源に対する環境振動設計
　　東田　豊彦　　上明戸　昇　　小島　宏章　　原田　浩之　　吉松幸一郎　　濱本　卓司

第5章　設計確認のための振動計測
　　崔　井圭　　石田　理永　　佐伯　兼久　　富岡　昭浩　　原田　浩之　　濱本　卓司

居住性能確保のための環境振動設計の手引き

目　　次

第1章　環境振動設計の概要

1.1　はじめに

　本会環境工学委員会環境振動運営委員会で決定された「評価」と「設計」を分離するという基本方針に基づき，「建築物の振動に関する居住性能評価指針・同解説」[1),2)]（以下，評価指針という）の内容は「評価」と「設計」に分けて刊行することになった．「建築物の振動に関する居住性能評価規準・同解説」[3)]（以下，評価規準という）は2018年11月に刊行された．「評価規準」では，これまで振動源別に提示していた評価曲線を「定常的な振動（水平・鉛直）」と「非定常的な振動（水平・鉛直）」という振動特性に基づく評価曲線へと変更するとともに，評価曲線における知覚確率指標を言語表現による体感指標に切り替え，さらに継続時間による体感振動への影響を考慮した時間効果を新たに導入した．本書「居住性能確保のための環境振動設計の手引き」（以下，設計の手引きという）は，環境振動設計に携わる設計者を対象に，新しい「評価規準」で示された評価曲線，体感指標および時間効果を環境振動設計においてどのように反映させればよいのかを具体的に解説することを目的としている．

　環境振動設計は，性能設計に基づいて進められる．建築主と設計者の合意形成を出発点とする性能設計のために，入力レベル（縦軸）と評価レベル（横軸）を関係づける環境振動性能マトリクス（以下，性能マトリクスという）を用いる．言語表現を用いた性能マトリクスにより要求性能を決定したのち，入力レベルと評価レベルを具体的に定量化した目標性能を設定して環境振動設計を行う．評価レベルは，「評価規準」に準じて設定する．ただし，後述するように，設計者の便宜を考えて「評価規準」とは異なる評価レベルの表現を用いている個所もある．一方，入力レベルに関しては，「建築物荷重指針・同解説」[4)]（以下，荷重指針という）における扱いと同じように発生頻度を介して設定する．これは，耐震設計や耐風設計などとの整合性を図るためである．ただし，人工振動源は自然振動源とは異なり1年よりも短い期間で発生することが多いため，「再現期間」の代わりに「対象期間」という用語を用いている．

　「評価規準」にはない振動源別の扱いは，「設計」において重要になる．「設計の手引き」では，環境振動が対象とする多様な振動源を自然振動源（風・地震），内部人工振動源（人間活動・設備機器）および外部人工振動源（道路交通・鉄道・工場）に大別し，環境振動設計としての共通の設計フローを示した後，振動源別の設計フローに分け，それぞれの振動源に対する設計方法の特徴と留意点を解説する．さらに，振動源ごとの設計例を通じて，設計入力の設定方法，応答予測のためのモデル化，「評価規準」において今回新たに導入された時間効果の扱い等を含む設計フローを具体的に説明する．設計フローの最後には，目標性能が環境振動設計を通じて達成されていることを確認するために，竣工時における振動計測の実施を推奨している．

1.2　環境振動設計の考え方

1.2.1　環境振動リスク

　建築物内部で不愉快な環境振動が発生するリスクは，評価レベルと発生頻度を用いて図1.1のように表すことができる．縦軸には発生頻度，横軸には評価レベルをとっている．ここでは，発生頻度として「めったに発生しない」，「あまり発生しない」，「ときどき発生する」，「しばしば発生する」の4段階，評価レベルとして「ほとんど気にならない」，「少し気になる」，「かなり気になる」，「耐えられない」の4段階を考えることにする．発生頻度の「めったに発生しない」は日常的な環境振動では扱わない領域であり，評価レベルの「耐えられない」は恕限度を超えた振動になるので，これらの領域はここでは対象外としておき，残りの3×3の領域を，発生頻度と評価レベルの組合せに着目して「高リスク」，「中リスク」，「低リスク」の3つの環境振動リスクに分類する．環境振動リスクは，発生頻度も評価レベルも小さければ「低リスク」，発生頻度も評価レベルも大きければ「高リスク」になる．

　この環境振動リスクの考え方に基づき，自然振動源や外部人工振動源による振動を対象とした場合，建設予定の建築

物の敷地を分類することができる．たとえば，図 1.2 に示すような環境振動リスクマップが得られる．この図の場合，鉄道沿線や自動車道路の近くが「高リスク」，そこから離れるほど「中リスク」，さらに「低リスク」と徐々に静かな振動環境になることを示している．環境振動リスクマップがあると，環境振動設計の対象となる建築物の敷地がどのような振動環境に置かれているかを事前に把握することができる．建築物内部で同じ振動環境を確保するには，高リスクの敷地では対策コストは高くなり，低リスクの敷地では対策コストは低く抑えられる．このような情報は，建築主との合意形成を通じて建築物内部の振動環境に関する要求性能を決定する際に重要である．

1.2.2 性能マトリクスと要求性能の決定

　環境振動設計は，従来から性能設計の文脈で考えられてきた．環境振動設計は，耐震設計のように建築基準法という法律により最低基準が規定されているわけではない．あくまでも使用限界を下回らない範囲で建築主の判断に基づき

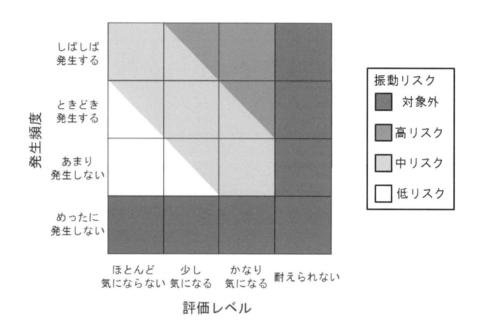

図 1.1　環境振動リスクの把握

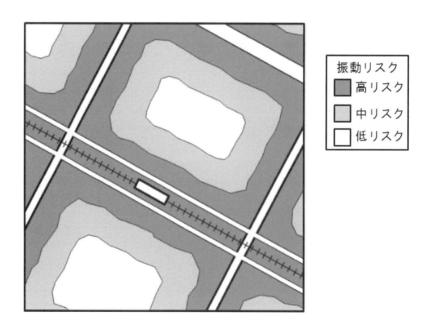

図 1.2　環境振動リスクマップの例

環境振動の要求性能は決定される．建築主が設計者との合意形成を通じて要求性能を決定するために，図1.3に示すような性能マトリクスを用いる[8]．性能マトリクスは，縦軸（列）に入力レベル，横軸（行）に評価レベルをとる．ここでは，縦軸の上から下に向けて入力レベルが大きくなる（発生頻度が小さくなる）ように，横軸の左から右に向けて評価レベルが大きくなる（評価が悪くなる）ように取られている．

　評価レベルは，「評価規準」において，図1.4に示すように，鉛直振動と水平振動に分け，縦軸に加速度，横軸に振動数をとり，複数の評価曲線を用いて表現されている．評価レベルは振動の感じ方の言語表現として与えられ，評価曲線を上下の境界とする帯幅として表される．帯幅の中央あたりが対応する言語表現ともっともよく対応し，境界付近になるとその上下の評価レベルのどちらに属するかがあいまいな領域になる．なお，「評価規準」では，図1.4のような図を「性能評価図」と呼んでいる．応答予測の結果を「性能評価図」と比較するときは，境界付近におけるあいまいさを念頭に置いた判断が必要になる．

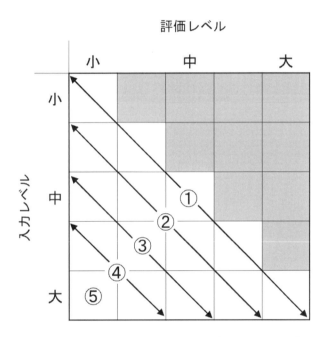

性能グレード：①必要最低限　②やや容認　③ほぼ容認　④かなり容認　⑤十分容認

図1.3　環境振動性能マトリクス

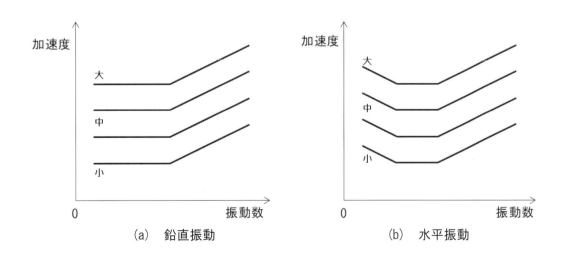

（a）鉛直振動　　　　　　　　　　　　（b）水平振動

図1.4　評価規準における評価レベルの設定

　要求性能のグレード（以下，性能グレードという）は，性能マトリクスにおける斜めのライン①〜⑤として表現される．建築主と設計者の合意に基づき，性能グレードのどれを選択するかが決まると，性能マトリクスの縦軸の入力レベルと横軸の評価レベルの組合せとして設計条件が定まる．

1.2.3　住居系と事務所系の用途区分

　「設計」においては建築物の用途を住居系と事務所系に大別して考える．「評価規準」で提示される「性能評価図」は，あくまでも振動感覚という心理面への影響に基づいて設定されている．振動感覚は，昼間に活動している時間帯における指標である．事務所系の場合はこの指標で十分であるが，夜間の休息あるいは睡眠が重要になる住居系においては，安眠を妨げ，身体に悪影響を及ぼすような生理面への影響にも配慮する必要が生じる．

　建築物の用途による要求性能の違いは，性能マトリクスにおいて性能グレードを上下にシフトさせることにより対応できる．これにより，図1.5のように，夜間の睡眠時間の確保が大切な住居系では，事務所系よりも性能グレードを上げるといった設計上の判断を導入することが可能になる．この例では，住居系の性能マトリクスの性能グレード「①必要最低限」が，性能グレードを一つ上げることにより，事務所系の性能マトリクスの性能グレード「②やや容認」に対応していることを表している．建築主と設計者の合意形成のプロセスを考えると，このような選択の自由度を与えることができるように，性能グレードの数を設定しておくことが好ましい．

1.2.4　多様な振動源の分類

　「評価規準」では，振動源に関する具体的な記述はない．「定常的な振動」と「非定常的な振動」の区別があるだけである．振動源に関する具体的な記述はすべて「設計」に委ねられている．環境振動における最大の特徴は振動源の多様性にあるといっても過言ではない．この振動源の多様性に対処するために，振動源の種類ごとに設計方針を変えていたのではあまりに煩雑すぎる．そこで，これまでの評価指針の流れを維持しつつ，図1.6に示すように，環境振動で扱うすべての振動源の見通しをよくするために，振動源を自然振動源，内部人工振動源および外部人工振動源の3グループに分類する[8]．

a. 自然振動源

　自然振動源はこれまでの評価指針では風しか扱ってこなかったが，「設計の手引き」では長周期地震動に対する高層建築物や免震建築物の居住性能も対象としている．風および長周期地震動に対する高層建築物や免震建築物の応答は主に水平成分の1次モードが励起され，長時間にわたり定常的な正弦波状の振動が持続する傾向がある．このため，非定常的な振動に特有な時間効果の影響は小さいと考えられる．

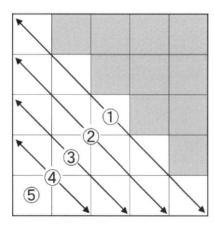
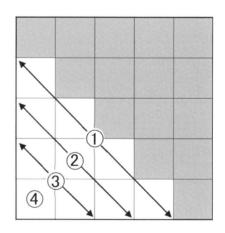

事務所系の性能グレード　　　　　住居系の性能グレード

図 1.5　事務所系と住居系の性能グレードの扱いの表現例

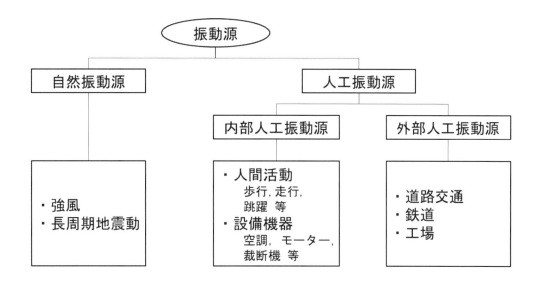

図 1.6　振動源のグループ化

b. 内部人工振動源

　内部人工振動源は，これまでの評価指針と同じく，建築物内部の人間活動と設備機器により励起される床振動の鉛直成分を対象としている．新しい「評価規準」では，体感振動に与える時間効果を評価できるようになった．内部人工振動源の中でも，人間活動による振動は歩行，走行，跳躍など人間の行動によって発生し移動振動源になる．これに対し，設備機器の振動は，主に設置場所で持続的に発生する固定振動源であることが多い．このため，人間活動に伴う振動では時間効果の影響が大きくなるのに対し，設備機器から発生する振動は時間効果の影響は概して小さい．時間効果が大きくなる振動では減衰の影響も大きくなる．このため，設計段階で，減衰の増加を目的として制振装置の導入を考えることもある．また，内部人工振動源に関しては，大梁に囲まれた同一スラブ内で発生する振動の入力－応答関係だけでなく，階段や廊下などからの振動の伝搬のように，異なるスパン・異なる階で発生した振動の影響も考慮する必要がある．

c. 外部人工振動源

　評価指針（第 2 版）では，外部人工振動源として交通のみを取り上げた．「設計の手引き」では，近隣の工場から発生する振動も考慮する．交通振動と一口に言っても，道路交通振動は大小さまざまな車両が不規則に走行して発生時刻や揺れの大小の変動性（日々の変化）が大きくなるのに対し，鉄道振動はほぼダイヤどおりに特定の車両が定時に通過するため，変動性は小さくなる．一方，工場振動は日々の生産工程がほぼ決まっており，発生する振動の変動性は概して小さい．このように，振動源によって発生する振動の変動性に違いはあるが，外部人工振動源の共通点として建築物周辺の地盤振動の影響が無視できないということは重要である．建築物に入力する地盤振動が大きくなるようなときは，地盤改良などによる入力低減を含めて設計方針を考えることもある．地盤振動は一般に水平・鉛直の両成分を有しており，地盤と建築物の増幅・減衰特性により，建築物内部で水平・鉛直のどちらの成分が大きくなるかは一概には言えない．このため，これまでも交通振動に関しては，水平・鉛直両成分の評価曲線が提示されている．外部人工振動源における時間効果の影響は，移動振動源となる交通振動では大きくなることがあるが，固定振動源となる工場振動では比較的小さい．新しい「評価規準」では，水平・鉛直両成分に対して体感振動に与える時間効果の影響を評価できるようになったので，外部人工振動源に対する設計においても，水平・鉛直両成分の時間効果を考慮することにした．

1.2.5　性能設計の枠組み

　「設計の手引き」では，多様な振動源を対象とする環境振動設計を性能設計の枠組で体系化する．性能設計とは，建築物に要求される性能を明らかにし，その性能が使用期間を通じて保持されることを客観的に確認する設計法である．性能設計では，各国の設計法の違いが不必要な国際貿易上の障害をもたらすことのないように，国際規格を基礎として

国内規格を策定するという原則になっている．建築物の保有すべき性能を明確にし，性能を定量的に満足させることのできる性能設計を採用することにより，設計者の創意工夫を反映した高品質かつ低コストの建築物が提供される可能性が高まると期待されている．

　建築物の性能は，図 1.7 に示すように，「設置目的」，「要求性能」，「性能規定」，「性能照査」の 4 階層に分類される．このうち，「設置目的」，「要求性能」，「性能規定」は遵守事項として定め，「性能照査」の方法は任意事項とすることが一般的である．「要求性能」は，建築物が「設置目的」に適合し，かつ適正な建設投資額で建設されるかどうかを判断できるように，建築主にとって平易な用語で表現されている必要がある．「性能規定」とは，設計者から見ると要求性能だけでは設計目標の具体性に乏しいため，要求性能をさらに設計のための指標として定量的に表した目標性能を設定することである．「性能照査」とは，目標性能が充足されることを予測や計測に基づき客観的な数値指標により確認することである．

　性能設計の周辺には「性能規定型設計」，「性能照査型設計」，「性能明示型設計」などの用語があって混乱することがある．「性能規定型設計」とは，「仕様規定型設計」に相対する用語であり，材料・部材・構造物に求められる性能を明示する設計を意味している．構造物に関する「性能規定型設計」の国際規格の代表が ISO 2394[5]である．一方の「仕様規定型設計」は，従来からの材料・部材・構造物の形状，構造，寸法，解析方法，試験方法などの細部までを明示し規定する設計である．「性能照査型設計」とは，要求性能を明示したうえで，照査方法を規定することなく構造物の要求性能が確保されていることを照査する設計法であり，スカンジナビア諸国の統一設計規準委員会（NKB: Nordic Committee on Building Regulations）の提案[6]に起源がある．「性能明示型設計」とは，構造物の機能を確保するための要求性能のレベルと，その照査に用いる荷重のレベルの関係を明確にした設計法であり，米国のカリフォルニア構造技術者協会（SEAOC: Structural Engineers Association of California）の Vision 2000 の　要求性能マトリクスの提案[7]に基づいた考え方である．「設計の手引き」は「性能規定型設計」に基づいており，「性能照査型設計」と「性能明示型設計」の両面を含んでいる．

　性能設計に基づく環境振動設計の体系を図 1.8 に示す．図 1.7 に示した環境振動の 4 階層のうち，設置目的と要求性能は建築主が最終的に決定する．設計者は建築主の要求性能を建築物として実現するために，性能規定の段階として設計のための具体的な目標性能（設計クライテリアの集合）を設定する．この段階で「評価規準」が用いられる．性能規定は遵守事項であり，設計者の責任になる．設計者は，目標性能を達成するために性能照査を行う．予測と計測は性能照査の段階で用いられる．性能照査は任意事項である．

1.2.6　目標性能の設定

　建築主との合意形成に基づき決定した要求性能を，設計作業のために具体的に定量化したものが目標性能である．定性的な言葉で表現されていた要求性能は，目標性能の段階になると入力レベルと評価レベルの組合せとして定量的に

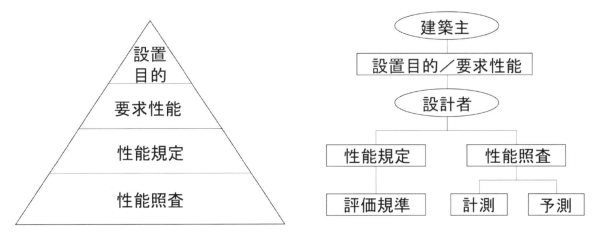

図 1.7　性能設計の 4 階層　　　　　　　　　　　　　　　　図 1.8　環境振動の性能設計

設定される．この段階で「評価規準」が用いられる．目標性能が設定されれば，それ以後は設計者だけの作業に入る．このため，設計作業の前に，設定した目標性能を建築主に示し，設計者が目標性能を達成することにより建築主の要求性能を実現できることを説明しておく必要がある．要求性能の決定から目標性能の設定にかけての設計者と建築主の関係を図 1.9 に示す．このプロセスは，設計者と建築主の間のリスクコミュニケーションとして重要な意味を持つ．

1.3 環境振動設計の方法

1.3.1 予測と計測の役割

性能設計に基づく環境振動設計の方法を図 1.10 に示す．図 1.7 に示した性能設計の 4 階層のうち，設置目的と要求性

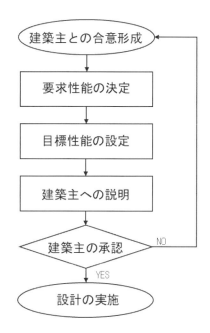

図 1.9 目標性能の設定と設計の実施

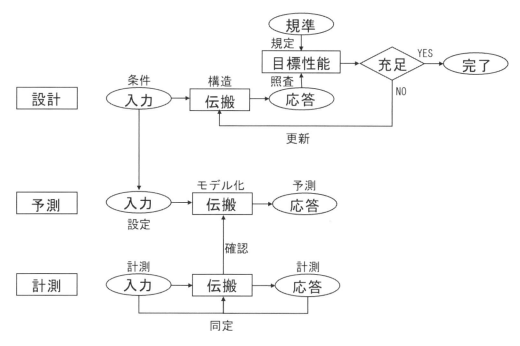

図 1.10 環境振動設計における予測と計測の役割

能は建築主が最終的に決定する．設計者は，建築主の要求性能を建築物として実現するために，性能規定の段階として設計のための具体的な目標性能を設定する．この性能規定までは設計の遵守事項である．設計者は，目標性能を達成するために性能照査を行う．性能照査は設計の任意事項である．この性能照査の段階で予測と計測が用いられる．

　環境振動設計は，通常の構造設計と同様の手順で進められる．構造システムの応答が目標性能をすべて充足するまで構造システムは繰り返し修正される．この繰り返しプロセスが性能照査の段階である．入力と応答を関係づける振動伝搬特性をモデル化することにより，応答は推定される．このため，応答予測における振動伝搬特性のモデル化の妥当性が性能照査の重要な位置を占めることになる．通常，振動伝搬特性のモデル化には全体架構あるいは部材の質量, 剛性,減衰が用いられる．計測の目的は，この振動伝搬特性のモデル化の確認である．設計においては，全体架構および部材の共振現象を回避することがとくに重要である．共振現象を支配するのは，固有振動数と減衰比である．全体架構あるいは部材の固有振動数と減衰比は，入力と応答を計測することにより同定することができる．固有振動数と減衰比に関して，計測による同定値と予測で用いた設定値を比較することにより，モデル化の妥当性を確認する．

1.3.2　基本的な設計フロー

　3つの振動源グループに共通の基本的な設計フローを図 1.11 に示す．設計は，以下のように，建築主の要求性能の決定に始まり，計測による竣工時の設計確認をもって終了する． ① 性能マトリクスを用いて建築主の要求性能に見合った性能グレードを決定する．この際, 設計者は，建築主に対して体感振動に関するわかりやすい説明を行う必要がある． ② 性能グレードに対応する入力レベルと評価レベルの組合せを目標性能として設定する． ③ 複数の入力レベルに対

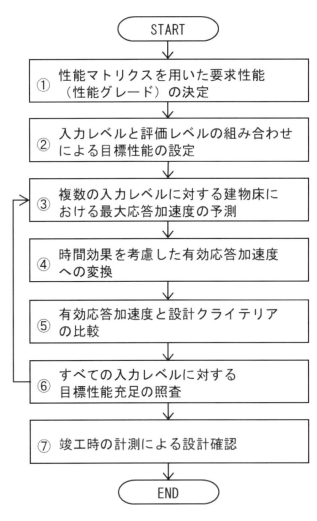

図 1.11　基本的な設計フロー

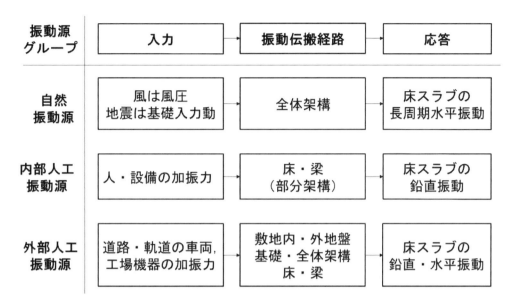

図 1.12　環境振動における入力—振動伝搬経路—応答の関係

応する最大応答加速度を振動解析モデルにより予測する．④ 時間効果に応じた応答低減係数を最大応答加速度に乗じて有効応答加速度に変換する．⑤ 入力レベルごとに求めた有効応答加速度を設計クライテリアと比較する．⑥ 設定したすべての入力レベルに対して目標性能の充足を確認する．充足していない場合は，設計修正を行って目標性能を充足するまで繰り返す．⑦ 竣工時に応答予測で用いた振動解析モデルの妥当性を振動計測により確認する．

1.3.3　入力レベルの決定

　環境振動設計における応答予測において，まず必要になるのが設計用入力である．設計用入力として必要な情報は，設計対象領域における入力位置と入力物理量である．3 つの振動源グループにおける入力，振動伝搬経路，応答の関係を図 1.12 に示す．対象とする振動源により入力位置と入力物理量は異なる．風振動の入力位置は建築物の外壁面，入力物理量は風圧分布の時間変動である．地震動の入力位置は建築物基礎，入力物理量は地盤加速度である．歩行振動や設備機器の入力位置は，建築物内部の床スラブ，入力物理量は加振力である．交通振動や工場振動の入力位置は，設計対象領域の境界となる建築物の敷地境界または建築物基礎，入力物理量は加振力により生じた地盤加速度になる．

　環境振動が対象とする多様な振動源の設計用入力を全体として見通しよくするために，入力の大きさに関する共通概念として発生頻度を考える．発生頻度と入力物理量の大きさは，一般に発生頻度が小さくなるほど入力物理量が大きくなるという関係がある．「荷重指針」[4]では，建築物の構造設計で対象とする荷重の大きさを発生頻度により統一的に表現している．耐震設計や耐風設計では，設計用入力を決定するために再現期間が一般に用いられる．再現期間は年間超過確率の逆数であり，ある入力レベルを超過する年間確率に着目している．環境振動設計においても，自然振動源に関しては，耐震設計と耐風設計との整合性を考え，発生頻度として年単位の再現期間を用いる．

　しかし，内部人工振動源と外部人工振動源からの振動は 1 年よりも短い頻度で発生し，再現期間という表現に馴染まないところがある．このため，超過確率の概念に戻って発生頻度を考える．人工振動源は発生頻度が高くなるので，年間超過確率ではなく日間超過確率，週間超過確率，月間超過確率などのように，より短期間の変動を表現できる超過確率を導入し，この超過確率の逆数として再現期間を拡張した「対象期間」を定義する．環境振動設計においては，自然振動源も含め，振動源の発生頻度は統一的に「対象期間」の用語を用いることにする．3 つの振動源グループの入力物理量と対象期間の関係を図 1.13 に示す．なお，ここで対象期間として示した数値は，概念的な目安である．

1.3.4　応答の予測

　環境振動設計では，応答予測が合理的かつ精度良く行えるのであれば，どのような応答解析法を用いてもかまわない．応答解析法の選択は，設計者に委ねられている．環境振動における応答予測の精度は，共振現象を適切に評価でき

るかどうかにかかっており，そのためには，共振現象を特徴づける固有振動数と減衰比の同定が重要になる．自然振動源，内部人工振動源および外部人工振動源に対する基本的な応答予測に用いる振動解析モデルの考え方を図 1.14 に示す．

a. 自然振動源

　自然振動源に対する環境振動設計の一例として風振動を考える．風振動に対する設計対象は建築物の全体架構であり，応答予測は床の水平加速度に関して行う．入力レベルは耐震設計や耐風設計で使用される再現期間に準じ，対象期間として，たとえば 1 年，5 年，10 年，50 年などを考える．設計入力の物理量は，設定された対象期間に対応する建築物外壁に作用する風圧分布である．

振動源 グループ	加振源	物理量	対象期間
自然 振動源	風 地震	風圧 （N/m²） 地盤加速度 （cm/s²）	1年, 5年, 10年, 50年
内部人工 振動源	人間活動 設備機器	加振力 （kN）	1日, 3日, 7日, 28日
外部人工 振動源	車両 （道路・鉄道） 工場 （生産機器）	地盤加速度 （cm/s²）	1週, 4週, 12週, 52週

図 1.13　入力物理量と対象期間の関係

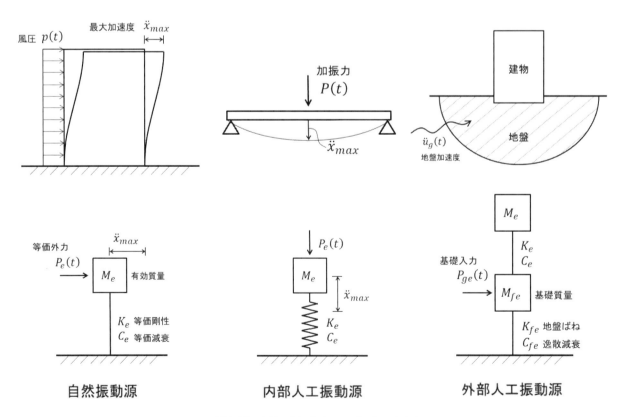

図 1.14　応答予測のためのモデル化の考え方

自然振動源に対する応答予測法はすでに確立しており，簡易予測法，スペクトルモーダル法，時刻歴応答解析などがある．簡易予測法では，並進2方向とねじれの各成分の等価1質点系モデルを用いて最大応答加速度を算出する．スペクトルモーダル法では，定常ランダム振動理論に基づき周波数領域で応答の標準偏差を求めたのち，ピークファクターを乗じて最大応答加速度を算出する．時刻歴応答解析では，変動風圧力の時刻歴波形を入力として直接積分法により時間領域で最大応答加速度を算出する．いずれも構造設計者には馴染みのある最大応答値を求めるための解析法であり，固有振動数と減衰比を応答予測の要としている．

b. 内部人工振動源

内部人工振動源に対する環境振動設計の一例として歩行振動を考える．歩行振動に対する評価対象は床スラブであり，応答評価は床の鉛直加速度に関して行う．梁のスパンが大きくなって剛性が低下すると，大梁の振動が卓越し，梁と床が一体となって振動するようになるので注意が必要である．入力レベルは生活空間・作業空間としての行動範囲（面積）の違いを考慮したうえで，対象期間として，たとえば1日，3日，7日，28日などを考える．設計用入力の物理量は，設定された対象期間に対応する床への加振力である．したがって，中小規模事務所と大規模事務所では，同じ対象期間であっても設計で考える加振力には差が生じる．設定された対象期間と建築物規模に対応する床への加振力は一人歩行，二人歩行，一人小走り，多人数歩行により表現する．

内部人工振動源に関する応答予測法は，これまで設計者により異なっており，選択の自由度は高い．床を1次元梁でモデル化し，静的たわみから重量落下による影響を考えて動的最大たわみを算定する方法，1次元梁の中央で加振力を与え加振点と応答評価点を一致させて最大応答値を算定する等価1質点系モデルによる方法，1次元梁で加振力を移動させ応答評価点の最大応答値を算定する多振動源モデルによる方法，大梁・小梁・床版を一体とした3次元モデル上で加振力を移動させて最大応答値を算定するFEMモデルによる方法などがある．

設計における応答予測では，安全側の評価が必要条件になる．いずれの振動解析モデルを用いるにしろ，歩行時の歩調と床・梁の固有振動数が共振する状態を合理的に評価することが重要である．内部人工振動源に対する振動評価で1/3オクターブバンド分析が用いられることがあるが，環境振動設計においては周波数領域の評価点が粗すぎて共振現象を正確には推定できないため，好ましい方法とはいえない．「設計の手引き」においては，固有振動数と減衰比を同定したのち，共振点における応答増幅を考慮できる時刻歴応答解析により最大応答加速度を求め，必要に応じて時間効果の影響を考慮して有効応答加速度に変換し，目標性能を充足していることを確認する方法を用いる．

c. 外部人工振動源

外部人工振動源に対する環境振動設計の一例として交通振動を考える．交通振動に対する設計対象領域は敷地内地盤を含む建築物であり，応答予測は床の水平・鉛直加速度の両方に関して行う．入力レベルは短期的な交通量の変化と長期的な道路あるいは軌道の劣化や変形を考慮し，対象期間として，たとえば1週間，4週間，12週間，52週間などを考える．設計用入力の物理量は，設定された対象期間に対応する建築物の敷地境界（設計対象領域の境界）あるいは建築物の建設予定地における地盤加速度（水平・鉛直成分）である．

交通振動に関しては，これまで環境振動設計のための応答予測に関してはほとんど手が付けられておらず，「設計の手引き」では交通振動に対する設計法の基本的な考え方を提示することが求められている．交通振動に対する環境振動設計は，① 地盤振動の影響を適切に評価する必要があること，② 水平・鉛直の両成分が対象になること，③ 水平・鉛直の両成分とも非定常的な振動であることなどの課題があり，3つの振動源グループの中で最も応答予測が難しい領域といえる．

外部人工振動源の場合，自然振動源や内部人工振動源のように，慣用的に用いられている振動解析モデルも解析法もないため，「設計の手引き」においては，等価1質点系モデルの上部構造に基礎の質点と地盤ばねを付加した2質点系モデルを基本モデルと考えることにした．外部振動源に対する環境振動設計でも，内部人工振動源と同様，1/3オクターブバンド分析に基づく予測は共振点での応答増幅を正確には評価できなくなるため好ましくない．このため，「設計の手引き」では，事前計測により記録しておいた建築物の敷地境界あるいは建築物の建設予定地における水平・鉛直地盤加速度に対象期間に対応する倍率を乗じて設計用入力を作成し，時刻歴応答解析により最大応答加速度を求め，必要に応じて時間効果の影響を考慮して有効応答加速度に変換し，目標性能を充足していることを確認する方法を用いる．

1.3.5　性能照査と評価規準

　環境振動設計において目標性能を設定するときの根拠が「評価規準」である．目標性能の評価レベルは，基本的に「評価規準」に基づいて設定する．ただし，必ずしも「評価規準」の評価レベルを厳密に適用する必要はない．「評価規準」はあくまで拠り所であり，目標性能の具体的な設定は設計者の判断に委ねられている．評価規準の評価レベルは，実験室における被験者の体感評価（振動発生を予見した状況下での評価）に基づく区分であるが，環境振動設計で扱う実空間の振動評価は，振動の発生を予見できない実居住中への影響の程度によって判断されるものであり，両者の評価には差が生じる場合もある．ただし，設計者が設定した目標性能は，性能設計における遵守事項になることに留意する必要がある．すでに述べたように，応答予測にあたっては，振動伝搬経路の合理的なモデル化をしたうえで，共振現象を考慮して最大応答加速度を算定し，必要に応じて時間効果を考慮した有効応答加速度に変換して設計クライテリアと比較するという流れが基本になる．「設計の手引き」の役割は，この基本的な流れに沿って，設計自由度を十分に保ちつつ，新しい「評価規準」を取り入れた環境振動設計の枠組みを示すことである．

　評価指針（初版）[1]では振動をどのように感じるのかということを基本に評価レベルが設定されていたが，評価指針（第 2 版）[2]では知覚確率の表現を導入したため，無感振動と体感振動の境界である知覚限界のみに着目して評価レベルを設定するようになった．しかし，建築主が知りたいのは，揺れを感じるか感じないかということよりも，体感振動としてどのように感じることになるのか（不快になる，気分が悪くなる，耐えられなくなるなど），あるいはその振動に対して人間はどのように反応するのかという体感指標である．建築主と設計者の合意形成に基づく性能設計では，知覚確率による定量的ではあるが抽象的な表現よりも，体感指標に関する定性的ではあるが具体的な表現を用いる方がふさわしいと考えられる．このため，新しい「評価規準」では，知覚確率を用いた評価曲線から言語表現による体感指標を用いた評価曲線へと表現を変更している．この「評価規準」の変更に対応し，設計で用いる目標性能も体感指標による表現に基づき設定することにした．

　この体感指標が「定常的な振動」と「非定常的な振動」とでは異なるという観点が，今回の「評価規準」が従来の「評価指針」からもっとも大きく変化した点である．「評価規準」の「定常的な振動」と「非定常的な振動」を「設計」で扱う 3 つの振動源グループと関係づけると，図 1.15 のようになる．これまでの「評価指針」で提示されている評価曲線は，正弦波の連続入力を受けたときの人間反応に関する室内被験者実験に基づいている．このため，衝撃的振動や間欠振動など継続時間が短い振動が発生する内部・外部人工振動源に対して居住性能を過剰に安全側に評価してしまう可能性があった．「評価規準」においては，振動の継続時間が短ければ体感する振動の大きさを低減できる時間効果が実測データに基づき定量的に示されている．

　「設計の手引き」においても，この時間効果を導入した合理的な設計法を目指している．具体的には，「評価規準」における時間効果の考え方に基づき，図 1.16 に示すように，横軸に振動の継続時間，縦軸に応答低減係数をとることにより時間効果を定量化する方法を採用している．継続時間が長くなると徐々に定常的な振動に収束し，短くなると非定常的な振動になる．設計者は，まず時間効果を無視した最大応答加速度を算定したのち，振動の継続時間に応じた応答低減係数を乗じることにより時間効果を考慮した有効応答加速度に変換する．この有効応答加速度を設定した設計クラ

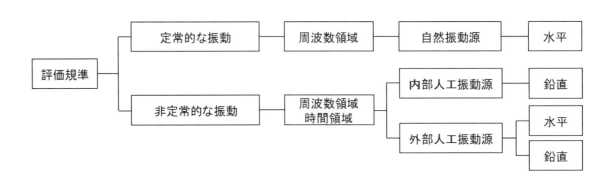

図 1.15　評価規準と振動源との関係

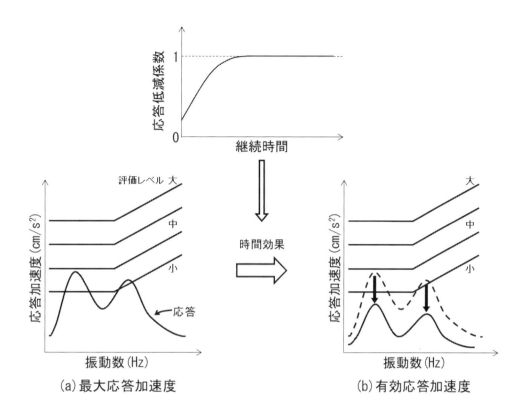

図 1.16　環境振動設計における時間効果の導入

イテリアと比較することにより，目標性能が充足されているかどうかを判定する．自然振動源に関しては，床振動の水平加速度の時間効果は小さいと考えられるので，時間効果を考慮した有効応答加速度への変換（設計フロー④）を省略する．内部人工振動源に関しては，人間活動により発生する床の鉛直加速度の時間効果の影響は大きいので考慮した方が合理的評価となるが，設備機器から発生する振動は固定振動源として持続的に振動を発生している場合が多く，このような場合は時間効果を考える必要はない．外部人工振動源に関しては，移動振動源となる交通振動では，床の水平・鉛直加速度の時間効果の影響を考慮した方が合理的評価となるが，固定振動源から持続的に振動が発生している工場振動のような場合は時間効果を考える必要はない．ただし，固定振動源でも，発生する振動が連続的なものではなく，継続時間が短い振動が比較的長い間隔を開けて発生する場合は時間効果を考慮できる．

1.3.6　設計確認のための振動計測

　環境振動設計における設計フローの最後に位置づけられているのが，振動計測による設計確認である．環境振動は居住性能に関わる振動であり，強風と長周期地震動を含む自然振動源を除けば発生頻度が高く，振動計測による設計確認を行いやすい．これは，大きな地震が発生しない限り建築物の耐震性能を確認できない耐震設計との大きな違いである．このため，環境振動設計においては，設計者として目標性能の達成度を確認するとともに，建築主の要求性能の実現に関する説明のために，竣工時の検査として振動計測を取り入れることを推奨している．計測方法は加振や打撃などの強制振動を利用する評価のための振動計測とは異なり，建築物内外で日常的に発生している振動（ambient vibration）の受動的な計測を中心に据えている．「設計の手引き」では，環境振動で対象とするこのような振動を「周囲振動」と定義した．「周囲振動」の加速度のオーダーは，通常 $10^{-1} \sim 10^{1}$ cm/s^2 程度であり，地震動（$10^{1} \sim 10^{3}$cm/s^2）と常時微動（$10^{-3} \sim 10^{-1}$cm/s^2）の中間的な大きさになる．なお，特定の振動源だけを対象に環境振動設計を行う場合は，設計で想定する外力を人為的に作用させて計測してもよい．

　環境振動設計の目的は，建築物内部において居住性能を損なうような振動の発生を回避することである．このための対策として，建築物への入力を低減する方法と建築物内部での振動の増幅を回避する方法がある．建築物への入力を低減する方法は建設費の大幅な増加につながることが多いため，一般には，建築物内部での振動の増幅を回避する方法が

用いられる．建築物内部での振動の増幅は架構の全体振動あるいは部材の局部振動の共振現象によって引き起こされる．このため，建築物内部で生じる全体振動と局部振動の共振現象をいかに回避するかが環境振動設計の善し悪しを決定することになる．

　環境振動設計の観点から必要となる振動計測は，評価のための振動計測とは異なる．評価のための振動計測が建築物の応答だけを対象とするのに対し，設計のための振動計測は環境振動の振動伝搬特性を把握することを目的としている．すなわち，振動計測に基づき入力と応答を関係づける伝達関数を求め，伝達関数から共振現象を支配する固有振動数と減衰比の2つの設計パラメータを同定する．固有振動数と減衰比に関して，計測による同定値と予測で用いた設定値を比べ，両者の対応関係に基づいて環境振動設計における目標性能の達成度を確認する．

a. 振動計測の対象

　自然振動源，内部人工振動源，外部人工振動源の3つの振動源グループごとに，計測の対象は異なる．

(1) 自然振動源

　自然振動源には強風と長周期地震動が含まれる．これらの入力に対して環境振動リスクが高い建築物は高層建築物，中低層ペンシルビル，木造3階建てなどである．このとき建築物内部に発生する振動は，主に全体架構の長周期水平振動となるので，床の水平振動により居住性能が阻害されることを回避する必要が生じる．自然振動源に対する環境振動設計の対象領域は，建築物の全体架構になる．したがって，自然振動源に対する設計のための振動計測は，全体架構の振動伝搬特性を把握することが目的になる．

(2) 内部人工振動源

　内部人工振動源には歩行，走行，跳躍などの人間活動と建築物内部に設置された設備機器が含まれる．これらの入力に対して環境振動リスクが高い構造種別は木造と鉄骨造であり，鉄筋コンクリート造のリスクは相対的に低い．しかし，建築物の大スパン化に伴い，最近では鉄筋コンクリート造でも問題になることがある．建築物内部に発生する振動は，振動発生源から近い範囲の床・梁の局部振動となることが多いので，床・梁の鉛直振動により居住性能が阻害されることを回避する必要が生じる．内部人工振動源に対する環境振動設計の対象領域は，振動発生源から応答評価点までの建築物内部の一部の領域になる．したがって，内部人工振動に対する設計のための振動計測は，通常，加振源近傍の局部的な振動伝搬特性を把握することが目的となる．

(3) 外部人工振動源

　外部人工振動源には道路交通，鉄道，工場が含まれる．これらの振動源が引き起こす振動の特徴は，地盤振動が架構の全体振動と部材の局部振動に大きな影響を与えるという点である．このため，建築物と地盤とを連成系として捉える視点が必要になる．振動源から対象建築物までの振動伝搬経路には広大な地盤領域が広がっているが，環境振動設計の対象は当該建築物の敷地内に限定される．地盤振動には鉛直成分と水平成分が含まれており，建築物の応答も鉛直振動と水平振動の両者を考慮する必要がある．水平振動に関しては，自然振動源と同様に全体架構の振動伝搬に着目すればよいが，鉛直振動に関しては全体架構の振動伝搬に加え，内部人工振動源と同様に床・梁の局部的な振動伝搬の把握も必要になる．外部人工振動源に対する環境振動設計の対象領域は，敷地地盤，建築物の全体架構および床・梁部材になる．したがって，外部人工振動源に対する設計確認のための振動計測は，敷地内の地盤振動，架構の全体振動および床・梁部材の局部振動に関する広範な振動伝搬特性を把握することが目的となる．

b. 振動計測の方法

　設計確認のための振動計測では，環境振動設計に関わる多様な振動源に対する敷地の地盤振動，架構の全体振動および床・梁部材の局部振動の把握が必要になる．特定の振動源に対する振動計測であれば，評価のための振動計測として利用されている加振や打撃による各種の強制振動による方法も有効である．しかし，環境振動設計における設計確認のための振動計測では，振動源ごとに強制振動を個別に実施するとなると煩雑すぎて現実的ではない．特定の振動源ではなく，環境振動に関わる多様な振動源に対する設計確認を行うための有効かつ効率的な方法は，強制振動ではなく，建築物内外で日常的に発生している周囲振動の受動的な計測である．

　設計確認のための振動計測として，日常的に発生している周囲振動の計測を採用する理由は，振動計測の目的が特定の振動源に対する応答の評価ではなく，多様な振動源に対する地盤，全体架構および床・梁部材の振動伝搬特性の把握を短時間で効率的に行うためである．建築物の振動に関する居住性能は入力と応答の間の伝達関数として表現できる．

したがって，建築物内部の複数点で振動を計測すれば，入力と応答の因果関係に着目して設計対象領域の増幅特性あるいは減衰特性を把握することができる．この伝達関数を端的に表現しうる設計パラメータが，固有振動数と減衰比である．

　多様な振動源から伝搬する環境振動を計測する一般的な物理量としては，加速度が適している．入力と応答の加速度を計測して伝達関数を求め，その伝達関数から設計パラメータの固有振動数と減衰比が同定できるのであれば，計測に用いる振動センサは加速度計，速度計，変位計などどれを用いてもかまわない．多様な振動源を対象とする環境振動設計においては，設置位置を自由に移動でき，多点計測が可能な可搬型3成分加速度センサが威力を発揮する．可搬型加速度センサを適切な位置に複数設置してセンサネットワークを構築することにより，伝達関数の入力と応答を同期させて計測することができる．

　環境振動設計においては，単一の振動源だけに着目する場合もあれば，複数の振動源を同時に対象とする場合もある．複数の振動源を対象とする場合は，すべての振動源に対してまとめて伝達関数を効率的に求めることができるように，総合的な観点から振動センサの配置計画を行うことが望ましい．

c. 固有振動数と減衰比の同定

　設計における応答予測では最大応答値に注目する．最大応答値を予測するためには，共振時の増幅特性を支配する固有振動数と減衰比が設計プロセスにおいて精度良く推定できていたかどうかを確認する必要がある．設計確認のための振動計測では，設計対象領域の境界および内部において，入力点と応答評価点となる位置に振動センサを設置し，入力点と応答評価点との間の伝達関数を求め，設計対象領域の固有振動数と減衰比を同定する．竣工後の設計確認のために実施する振動計測における基本方針を振動源グループごとに図1.17に示す．計測データから固有振動数と減衰比を同定する方法を以下に要約する．

(1) 自然振動源

　自然振動源に関しては，風の場合は，入力を加速度として計測することは難しいので，複数の応答評価点における水平加速度（2成分）を同時に計測し，応答の相関解析あるいは入力をホワイトノイズと仮定した伝達関数から全体架構の固有振動数と減衰比を同定する．地震動の場合は，1階か地階での水平加速度（2成分）を入力として，複数の床応答評価点での水平加速度（2成分）を出力としてそれぞれ計測し，フーリエ変換などを用いて全体架構の伝達関数を求め，伝達関数から架構の固有振動数と減衰比を同定する．

(2) 内部人工振動源

　内部人工振動源に関しては，床スラブ周辺の剛域の鉛直加速度（1成分）を入力として，床スラブの最大応答点の鉛直加速度（1成分）を出力としてそれぞれ計測し，フーリエ変換などを用いて床スラブ（床十梁）の伝達関数を求め，床・梁部材の固有振動数と減衰比を同定する．ただし，異なるスパン・階からの影響を考えるときは，部分架構を含む振動伝搬経路を設計対象領域として伝達関数を求め，関連する鉛直部材と床・梁部材の固有振動数と減衰比を同定する．

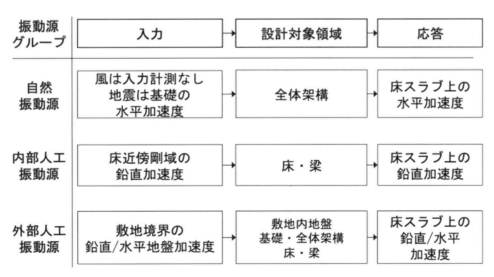

図1.17　設計確認のための振動計測の方針

(3) 外部人工振動源

　外部人工振動源に関しては，建築物の敷地境界における地盤加速度（水平2成分・鉛直1成分）を入力として，複数の床応答評価点での応答加速度（水平2成分・鉛直1成分）を出力としてそれぞれ計測し，フーリエ変換などを用いて敷地境界－架構－床スラブ系の伝達関数を求め，敷地内距離減衰と基礎入力損失の影響を確認したうえで，全体架構と床・梁部材の固有振動数と減衰比を同定する．敷地境界から建築物までの距離が短い場合は，建築物基礎における地盤加速度（水平2成分・鉛直1成分）を入力として，敷地境界での計測を省略して架構－床スラブ系の伝達関数を求め，全体架構と床・梁部材の固有振動数と減衰比を同定する．

1.4　おわりに

　「設計の手引き」は，すでに刊行されている「評価規準」[3]に準拠した設計の進め方を具体的に示し，振動源別に解説することを目的としている．以下，2章では自然振動源（風と長周期地震動），3章では内部人工振動源（人間活動と設備機器），4章では外部人工振動源（交通振動と工場振動）を個別に取り上げ，それぞれの振動源に対する環境振動設計の方法を説明する．さらに，5章では全振動源を対象とする設計確認のための振動計測の考え方を説明する．

　「評価」と「設計」に分離するという方針に基づき，これまでの「評価指針」[1,2]は「評価規準」[3]と「設計の手引き」に分けて刊行されることになった．「評価規準」では，「定常的な振動（水平・鉛直）」と「非定常的な振動（水平・鉛直）」という振動特性に基づいた評価曲線が示され，振動源別の記述は「設計の手引き」が引き継ぐことになった．このような環境振動における今回の「評価」と「設計」に関する見直しは，評価と設計を行ううえで不可欠な「計測」や「予測」に関しても，従来の観点の見直しを迫っていると言える．これまで主に既存建築物の事後対策のための評価に利用されてきた「計測」は，今後，新築建築物の設計において，事前対策として目標性能の達成度の確認のために利用するという視点も必要になる．また，建物応答と地盤振動の低減を目的とした詳細解析による「予測」だけでなく，実際の設計において利用しやすい合理的で簡便な予測方法の開発も必要である．

　「設計の手引き」は，環境振動設計としての設計体系を統一的に記した最初の書籍である．「設計の手引き」の刊行により，これまでとは異なる視点から，「評価」，「設計」，「計測」，「予測」を包含する環境振動全体の課題が示され，研究・技術の進歩・発展を刺激・促進することが期待される．

参 考 文 献

1)　日本建築学会：建築物の振動に関する居住性能評価指針・同解説，1991
2)　日本建築学会：建築物の振動に関する居住性能評価指針・同解説，2004
3)　日本建築学会：建築物の振動に関する居住性能評価規準・同解説，2018
4)　日本建築学会：建築物荷重指針・同解説（2015），2015
5)　ISO2394: General Principles on Reliability for Structures, 1998
6)　NKB: Structure for Building Regulation, NKB Report No.34, 1978
7)　SEAOC: Performance Based Seismic Engineering of Buildings, Vision 2000 Committee, Final Report, 1995
8)　後藤剛史，濱本卓司：わかりやすい環境振動の知識，鹿島出版会，2013

第2章　自然振動源に対する環境振動設計

2.1　基本的な考え方

　自然振動源については，これまでの評価指針 [1), 2)]において風のみを対象としてきたが，本書「設計の手引き」では，高層建築物や免震建築物の機能性・居住性に影響を及ぼす長周期地震動についても触れる．風および長周期地震動は，建築物の主に 1 次モードの応答を励起して長時間にわたり正弦波状の定常的な振動が持続するため，建築物の定常的な水平振動を励起させる振動源に位置づけられる．

　本章では，主として代表的な自然振動源である風に対する環境振動設計について，「性能マトリクス」と「設計フロー」を用いた具体的な検討方法を説明する．

2.2　風振動に対する性能マトリクス

2.2.1　性能マトリクス

　図 2.1 に風振動に対する性能マトリクスを示す．

　縦軸は入力レベルであり，風の対象期間で表現され，縦軸の上から下に向けて入力レベルが大きくなる．環境振動設計における風の入力レベルは，これまで対象期間 1 年に限られていた．「設計の手引き」では，これまでと同様に対象期間 1 年を基本としながら，建築主の要求に応じて対象期間 50 年まで入力レベルを拡張できるようにした．具体的には，性能マトリクスの縦軸に示す対象期間（1 年，5 年，10 年，50 年）の中から，建築主と合意した対象期間が設計で想定する入力レベルとなる．例えば，1 年と 5 年の 2 ケースでも構わない．

　横軸は評価レベルであり，揺れに対する気になり度，不快度で表現され，横軸の左から右に向けて評価レベルが大きくなる．

　目標性能は，性能マトリクス上のマス目で規定され，斜めに並んだマス目（性能グレード）として表現される．性能グレード 1 から性能グレード 4 に向かって居住性能は良くなる．性能マトリクスは，建築物用途により大きく「事務所系」と「住居系」に分けるものとし，性能グレード 2 を「標準グレード」としている．このとき，従来から居住性能評価の基準となっている対象期間 1 年の入力レベルに対して，「かなり気になる」と評価される振動レベルは居住性の対象外であると考え，事務所系の性能グレード 1 を設定している．

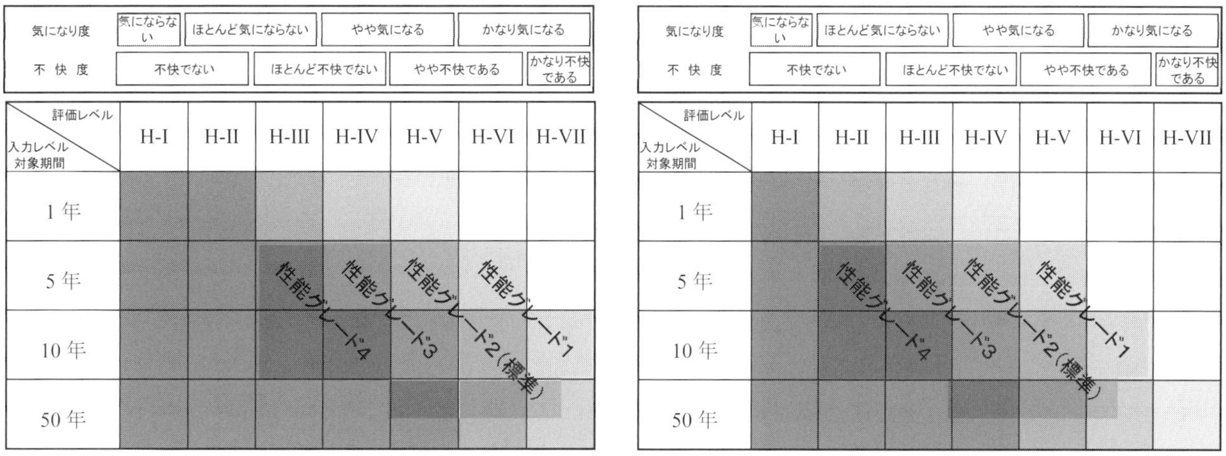

(a) 事務所系　　　　　　　　　　　　　　　　(b) 住居系

図 2.1　風振動に対する性能マトリクス

　調査・研究[3]によると，水平振動に対する感じ方は建築物用途による違いがないことが報告されている．居住性能評価指針（2004）[2]にあるように，住宅では事務所ビルと異なり，老人から子供まで，すなわち年齢の区別なく居住し，振動の評価に関して1日を通じて時間を限定するわけにはいかない．一方で，事務所ビルは住宅と異なり，一般的に占住（居住）する人々の年齢構成や勤務時間などにいくぶん限定される要素がみられる．

　以上より，用途が事務所系の場合，住居系の場合よりも振動に対する配慮が必要になるとは考えられず，標準とされる性能グレードは，住居系が事務所系よりも1グレード高い設定としている．なお，その他用途の建築物については，使用目的に応じて対象とする振動の目標性能が異なるので，適宜個別に対応することが望ましい．

　評価レベルと応答加速度の関係を示した水平振動に関する性能評価図を図2.2に示す．評価レベルと評価の観点（不安感，不快，知覚）との関係については，本会「建築物の振動に関する居住性能評価規準・同解説」[4]（以下，評価規準という）を参照されたい．参考までに，旧評価指針の水平振動に関する性能評価曲線（2004年版）[2]，性能評価の基準（1991年版）[1]との比較を図2.3，2.4に示す．

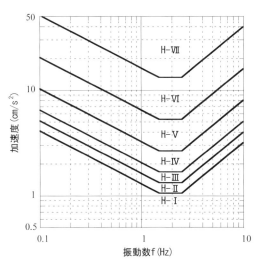

図 2.2　水平振動に関する性能評価図（定常振動）[4]

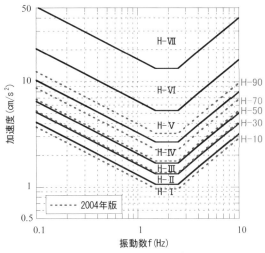

図 2.3　水平振動に関する評価曲線（2004年版）[2]

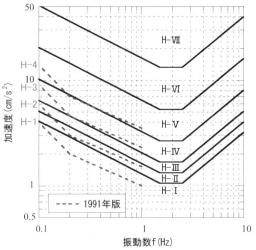

図 2.4　水平振動に関する性能評価の基準（1991年版）[1]

2.2.2 風速の設定

対象期間 1 年の風速に関しては，本会「建築物荷重指針・同解説」(2015) [5]（以下，荷重指針という）において，地表面粗度区分II，地上 10m での再現期間 1 年の風速 U_1(m/s) のコンター図が示されているほか，30 都市における年別パラメータ a_i(s/m)，b_i(m/s) および風向ごとの発生頻度 p_i(%) が与えられている.

「設計の手引き」では，都市別パラメータを用いて 30 都市の対象期間 1 年の風速を求め，異なる対象期間の風速値に対する基準風速とする. この都市別パラメータを用いて算出される対象期間 1 年の風速とコンター図から読み取った U_1 には多少の違いが見られるが，都市別パラメータを用いて算出した対象期間 1 年の風速を環境振動設計用の U_1 と定義する.

a. 対象期間 5 年の風速算出

荷重指針の都市別パラメータは，2001 年から 2010 年の 10 年間の日最大風速資料を用いて算定しており，対象期間 1 年以下の風速に対して使用するものと示されている. しかしながら，現状において対象期間 5 年の風速を正確に算出する方法がないため，「設計の手引き」では，都市別パラメータを用いて対象期間 5 年の風速を算出することとする. この対象期間 5 年の風速は，ある程度の誤差を有するが，環境振動設計における検討風速として，設計者によらず同等の風速値になることを意図している.

b. 対象期間 10 年・50 年の風速算出

対象期間 5 年で都市別パラメータを用いて風速値を算出したのは，対象期間 1 年の風速と同様に，5 年の風速も居住性の検討で対象とする日常風の範疇として捉えたためである.

一方，対象期間 10 年および 50 年の風速は日常風として捉えることが難しくなると判断し，荷重指針に示されている地表面粗度区分 II，地上 10m での基本風速 U_0 と再現期間 500 年の風速 U_{500} から求める再現期間換算係数 k_{RW} を用いて算出することとする. 荷重指針ではこの再現期間換算係数 k_{RW} の適用にあたって，再現期間 50 年から 1000 年の範囲にとどめて安易な外挿は避けるべきとしており，再現期間 50 年の値に対する予測誤差は最大 5%程度，再現期間 20 年の値になると最大 9%程度となると示されている. つまり，この対象期間 10 年の検討風速は，ある程度の誤差を有する便宜的な風速であることを認識したうえで採用している.

c. 設計用風速比

表 2.1 に検討風速および風速比を示す. 風速値は，地表面粗度区分 II，地上 10m における値である. U_1, U_5, U_{10}, U_{50} はそれぞれ対象期間 1 年，5 年，10 年，50 年の風速を意味している. U_1 に対する U_5 の風速比 U_5/U_1 の平均値（鹿児島および那覇を除く）は 1.193 であり，これを環境振動設計における設計用風速比と設定する.

一方，U_{10}, U_{50} は再現期間換算係数 k_{RW} を用いて算出した値であるため，U_1 に対する風速比は誤差が大きくなっているが，ここでは，この U_{10}/U_1=1.447，U_{50}/U_1=1.653 を設計用風速比とする. なお，U_0, U_{500} は日本地図上に 2m/s ピッチで描かれたコンター図から読み取る必要があるため個人の判断基準により値が異なるが，本検討では表 2.1 に示す値とした.

2.2.3 風速と応答加速度の関係

建築物に作用する風速の比率（以下，風速比という）と建築物の応答加速度の比率（以下，応答加速度比という）の関係について，荷重指針の簡易予測法に基づいて建築物の応答加速度を評価する. その際，風方向・風直交方向・ねじれ方向によらず，応答加速度比が風速比の 3 乗で表せるものとして，性能マトリクスにおける性能グレードのマス目の並びを決定している.

また，応答予測においても便宜的にこの関係を用い，対象期間 1 年の応答値を用いた簡易評価により，対象期間 5 年，10 年，50 年の応答値を性能マトリクスにプロットすることができる.

ただし，辺長比や塔状比が大きい場合は，建築物形状が整形で荷重指針の適用範囲にあっても，上記の関係が当てはまらない場合があるので注意が必要である. また，建築物形状が不整形である場合，建築物形状が整形であっても辺長比や塔状比が大きい場合などは，風洞実験等を行うとともに，各対象期間の風速での風圧力による応答解析を行うことが望ましい.

a. 風方向の応答加速度

　純粋に建築物正面の変動風圧を考えると建築物正面における風方向の応答加速度は風速の 2 乗に比例するが，これは風外力による強制振動成分だけを考えた場合である．建築物背面の影響や Davenport のバフェッティング理論に基づけば，実際の応答加速度は風方向の風速のパワースペクトル形状を考慮することにより，風速の約 2.7 乗に比例するとされている[1),6)].

　付加減衰（制振部材，制振装置）により減衰が大きくなる場合は，異なる結果になることも想定される．また，建築物がそれほど高くはなく剛性が大きくなければ，共振成分の影響が小さくなり風速の 2 乗に近づくと考えられる．

b. 風直交方向の応答加速度

　カルマン渦による風力スペクトルの勾配に依存するため，風直交方向の応答加速度は風速の約 3 乗に比例すると考えられる[6),7)].

c. ねじれ方向の応答加速度

　建築物のねじれ剛性が水平剛性より高い場合，ねじれ方向の応答加速度は風速の約 2.7 乗に比例するが，ねじれ剛性が低くなると風速の 3 乗に近くなる．建築物の形状や構造特性により応答性状が変わることから，安全側の評価としてここでは 3 乗と仮定した．

表 2.1　検討風速および風速比

都市名		風速 (m/s)						風速比				
		U_1	U_5	U_{10}	U_{50}	U_0	U_{500}	$U_5／U_1$	$U_{10}／U_1$	$U_{50}／U_1$	$U_{10}／U_0$	$U_{50}／U_0$
1	旭川	17.82	21.44	24.14	28.18	30	34	1.203	1.355	1.582	0.805	0.939
2	札幌	22.79	27.00	29.02	31.05	32	34	1.185	1.274	1.362	0.907	0.970
3	青森	19.81	23.36	25.14	29.18	31	35	1.179	1.269	1.473	0.811	0.941
4	秋田	22.89	27.34	26.68	31.74	34	39	1.194	1.165	1.386	0.785	0.933
5	仙台	22.19	26.47	22.69	27.75	30	35	1.193	1.023	1.250	0.756	0.925
6	新潟	23.48	28.00	31.12	35.16	37	41	1.193	1.325	1.498	0.841	0.950
7	金沢	23.63	28.31	27.13	31.17	33	37	1.198	1.148	1.319	0.822	0.945
8	宇都宮	15.96	19.33	29.02	31.05	32	34	1.212	1.819	1.946	0.907	0.970
9	前橋	20.44	24.10	26.13	30.18	32	36	1.179	1.278	1.476	0.817	0.943
10	東京	19.42	23.06	30.12	34.17	36	40	1.188	1.551	1.760	0.837	0.949
11	千葉	22.16	26.65	28.13	32.17	34	38	1.203	1.270	1.452	0.827	0.946
12	横浜	23.09	27.72	34.11	38.16	40	44	1.200	1.477	1.652	0.853	0.954
13	静岡	20.10	23.82	26.13	30.18	32	36	1.185	1.300	1.501	0.817	0.943
14	浜松	20.24	23.69	28.58	31.61	33	36	1.171	1.412	1.562	0.866	0.958
15	名古屋	17.50	20.66	27.13	31.17	33	37	1.181	1.550	1.781	0.822	0.945
16	京都	16.07	19.08	24.14	28.18	30	34	1.187	1.502	1.754	0.805	0.939
17	大阪	18.23	21.77	29.12	33.17	35	39	1.194	1.598	1.820	0.832	0.948
18	神戸	17.83	21.21	31.57	34.60	36	39	1.189	1.770	1.940	0.877	0.961
19	和歌山	19.99	24.73	32.12	36.16	38	42	1.237	1.607	1.809	0.845	0.952
20	岡山	16.47	19.55	24.14	28.18	30	34	1.187	1.465	1.711	0.805	0.939
21	松江	21.22	25.43	26.13	30.18	32	36	1.198	1.231	1.422	0.817	0.943
22	広島	14.23	16.95	24.14	28.18	30	34	1.191	1.696	1.980	0.805	0.939
23	高松	17.73	21.13	25.14	29.18	31	35	1.191	1.417	1.645	0.811	0.941
24	高知	16.38	19.66	30.67	35.73	38	43	1.200	1.872	2.181	0.807	0.940
25	松山	15.83	18.61	24.14	28.18	30	34	1.176	1.525	1.781	0.805	0.939
26	福岡	19.01	22.90	28.13	32.17	34	38	1.204	1.479	1.692	0.827	0.946
27	大分	17.73	21.19	24.14	28.18	30	34	1.195	1.362	1.590	0.805	0.939
28	熊本	16.13	19.34	28.58	31.61	33	36	1.199	1.772	1.960	0.866	0.958
29	鹿児島	17.91	23.33	36.11	40.15	42	46	1.303	2.016	2.242	0.860	0.956
30	那覇	21.05	28.47	38.30	46.39	50	58	1.352	1.819	2.204	0.766	0.928
鹿児島・那覇を含む	平均	19.245	23.143	28.061	32.106	33.933	37.933	1.202	1.478	1.691	0.827	0.946
	標準偏差	2.652	3.307	3.769	4.153	4.394	5.030	0.037	0.240	0.264	0.035	0.011
鹿児島・那覇を除外	平均	19.228	22.946	27.408	31.308	33.071	36.929	1.193	1.447	1.653	0.828	0.946
	標準偏差	2.714	3.264	2.921	2.812	2.827	2.968	0.013	0.215	0.229	0.034	0.010

2.2.4　性能マトリクスの設定

　既存の建築物 74 件（事務所 24 件，ホテル 8 件，集合住宅 42 件）に関して，構造設計段階における固有振動数とそれに対応した各対象期間の風荷重に対する応答加速度を調査して性能評価図にプロットしたものを図 2.5 に示す．●が

事務所，◇がホテル，そして▲が集合住宅である．対象期間 1 年の風速に対する各対象期間の風速比は前節で設定した風速比を用いている．応答加速度は各方向とも，風速の 3 乗に比例するとして算出を行っている．図中のプロットは各建築物において X 方向，Y 方向およびねじれ方向のうち最大の応答加速度を用いている．

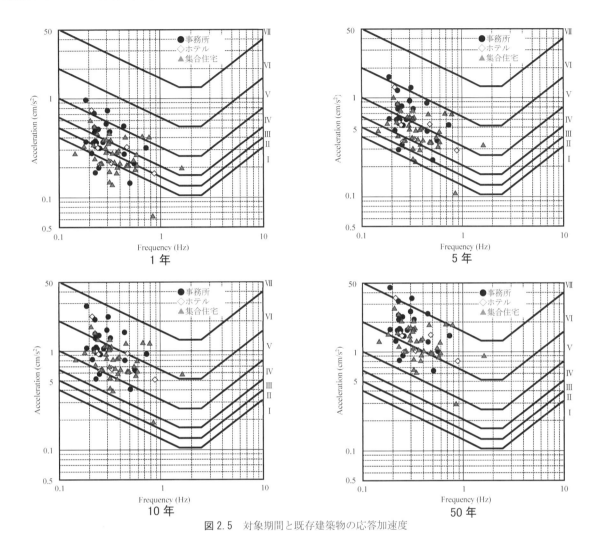

図 2.5　対象期間と既存建築物の応答加速度

　対象期間 1 年の風に対して，事務所は体感振動の評価レベル H-Ⅲ と H-Ⅳ，ホテル・集合住宅は評価レベル H-Ⅱ と H-Ⅲを中心に分布している．

　対象期間 5 年の風に対して，対象期間 1 年と比較して評価レベルが 1 つ上がり，事務所は評価レベル H-Ⅳ と H-Ⅴ，ホテル・集合住宅は評価レベル H-Ⅲ と H-Ⅳを中心に分布している．

　対象期間 50 年の風に対して，事務所は評価レベル H-Ⅵを中心に分布している．この評価レベルは，かなり気になり，やや不快となるレベルである．一方，応答加速度の大きさから判断して歩行障害，家具の転倒・移動を生じる可能性は低い．このとき，履歴系制振部材を含めてすべての架構は弾性範囲内であり，固有振動数や復元力特性に変化はなく，減衰比も微小振幅である対象期間 1 年の風に対する値と同じと仮定している．

　次に，同じ建築物で入力レベルを変化させた場合に，評価レベルや性能グレードがどのように変化するかを確認したものを図 2.6 に示す．

　対象期間 1 年の入力レベルに対して，応答値が異なる評価レベル（異なる性能グレード）に分類される 5 つの建築物を抽出してプロットし，さらに，抽出した 5 つの建築物について，対象期間 5 年，10 年，50 年の入力レベルに対する応答値を求め，評価レベルに応じてプロットした．なお，入力レベルの違いによる性能グレードの変化を詳細に示すため，図 2.6 の横軸は性能評価図における評価レベル境界間の加速度範囲に対する割合でプロットしており，同一建築物の結果を実線で結んでいる．

　実際の設計では対象期間 1 年の入力レベルだけで評価することが多いと考えられるが，対象期間 1 年だけの評価から性能グレードを設定した場合，他の対象期間では異なる性能グレードになる可能性がある．たとえば，図 2.6 に示す左から 2 番目の建築物では，対象期間 1 年の評価は性能グレード 4 であるが，対象期間 5 年，10 年，50 年での評価は性能グレード 3 となっている．また，対象期間 1 年の評価が性能グレード 4 のもっとも左の建築物では，対象期間 10 年の評価で性能グレード 3 となっている．

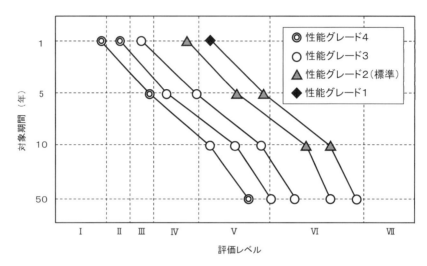

図 2.6　同一建築物における入力レベルと性能グレード（事務所系）の関係

2.2.5　性能マトリクスの運用方法

　風振動に対する性能マトリクスを運用するうえでの注意事項をいくつか解説する．

・縦軸の入力レベルについて，環境振動設計においては，耐震設計や耐風設計における再現期間と区別するために対象期間と表現している．

・横軸は評価規準では連続的であるが，性能マトリクスにおいては 1 つの評価レベルに 1 つの性能グレードが対応しているために離散的であると捉え，評価レベルの中央にプロットすることを原則とする．縦軸は離散的であり，検討を行う各入力レベルに対して 1 つずつ評価レベルをプロットする．

・異なる対象期間（入力レベル）に対してある 1 つの性能グレードを要求された際，それぞれの入力に対する応答のいずれかが当該グレードに対応する評価レベルにプロットされない場合がある．

・建築主と合意する内容は，風の対象期間と性能グレードである．合意されていない対象期間については合意した性能グレードとならない場合があること，建築主にとって必要な建築物の居住性能とは何かなど，十分な説明を行い合意形成する必要がある．

・建築主と入力レベルを協議する際には，異常気象による台風頻度および規模も考えて，対象期間とともに設計風速を示しながら合意形成を行うことも有効であると考える．ただし，近年のグレードの高い超高層建築物においても，対象期間 5 年を超える入力レベルについて，風に対する環境振動設計を行っている事例は少ない．

・性能マトリクスの効果的な活用には慣れるまで時間がかかると思われる．横軸は性能評価図による評価レベルであり，2004 年版指針での居住性評価曲線と平行であることから，H-30 や H-70 といった知覚確率の線を重ねて比較することができるので，過去の設計との整合性も考慮しながら建築主との合意形成を図ることを勧める．

・設計者が，建築主との合意形成において性能マトリクスを利用しやすくなるよう，評価レベルと関係づけた「気になり度」「不快度」を表す言葉を図 2.7 に示す．あえて評価規準と異なる表現を用いた部分もあるが，今後，設計者が利用するなかで，より使いやすい表現に変えていくことを考えてのことである．

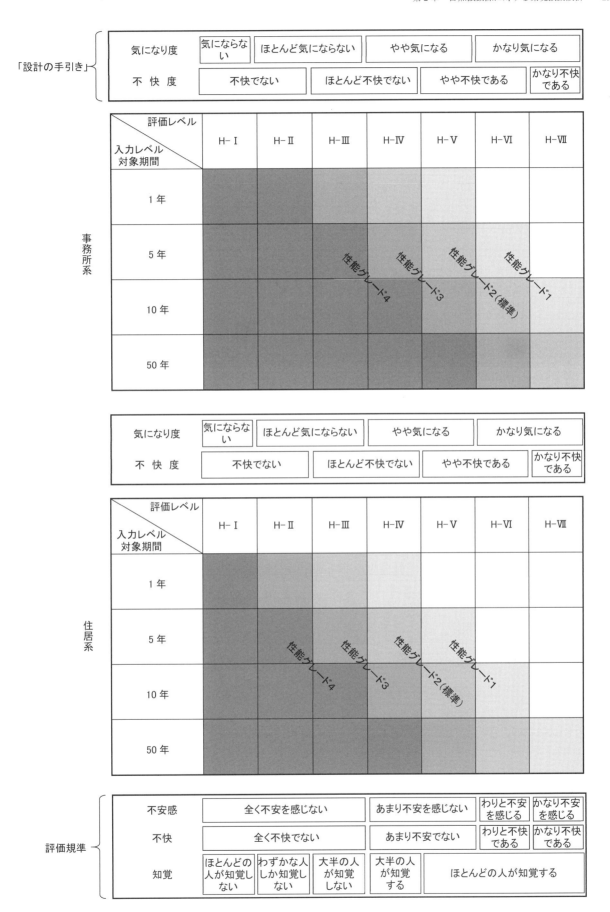

図 2.7　性能マトリクスと気になり度・不快度

2.3　風振動に対する設計フロー

　図2.8に風振動に対する設計のフローを示す．風振動に対して全体架構を設計対象とし，設定した目標性能を充足するように架構の固有振動数や減衰比を決定する．全体計画に関するチェックリストを表2.2に示す．

　以下に，建築主との合意形成に始まり，風力の設定，応答予測，目標性能の確認へと続く，環境振動設計の主要な項目について解説する．環境振動設計は，建築物の安全性に関わる耐震設計や耐風設計と並行して行われるが，ここでは環境振動設計のみを取り上げて説明する．

2.3.1　目標性能の設定（性能グレードの設定）

　設計者は，図2.1に示す性能マトリクスを用いて建築主の要求性能（性能グレード）を確認した後，入力レベルと評価レベルの組合せによる目標性能を設定して構造計画，構造設計を行う．

　目標性能の設定は，設計時の仮定条件の不確実性，解析のばらつき，竣工後の剛性や荷重のばらつき（内部仕上げ，積載荷重），地震による剛性低下などを考慮し，適切に減衰比を設定するなどの配慮が必要となる．あらかじめひとつ高い性能グレードまたは評価レベルを設定する方法もあれば，構造性能のばらつきを評価して，所定の性能グレードまたは評価レベルを設定する方法もあろう．

　また，性能グレードが空間，コスト，工程に影響を及ぼすことについて，空間イメージや概算コストなどを建築主にあらかじめ説明したうえで合意形成を図ることが重要である．

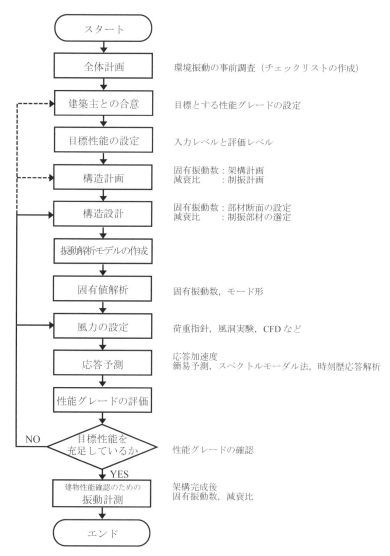

図2.8　風振動に対する設計のフロー

表 2.2　風振動に対するチェックリスト

項　目	チェック項目
建築用途	□住居　□ホテル　□事務所　□その他（　　　　　）
建築概要	規模：階数＿＿＿階，最高高さ＿＿＿m，最小幅＿＿＿m，最大幅＿＿＿m 平面形状：□矩形　□隅切・隅丸　□円形・楕円形　□L字形　□コの字形　□三角形　□その他（　　　　）
構造種別	□S造　□RC造　□SRC造　□木造3階建て　□その他（　　　　）
構造形式	□免震構造　□制振構造　□耐震構造　□その他（　　　　）
基礎形式	□杭基礎　□直接基礎
周辺環境	用途地域＿＿＿＿＿＿，　地表面粗度区分＿＿＿＿，　小地形：□あり　□なし

2.3.2　入力レベルの設定

　設計の入力となる風力は，対象期間 i に応じた基本風速 U_i（表 2.3），地表面粗度区分，建築物概要（平面・立面形状，高さ，塔状比，構造形式など）に基づき，建築基準法や荷重指針に示された方法で決定する．

　ただし，敷地に高低差がある場合，周辺建築物の影響を考慮する場合，建築物の形状が特殊である場合や塔状比が 5 を超える場合，さらには建築主の要求性能が厳しい場合など，風洞実験や数値流体計算（CFD）による風力算定も視野に入れる必要がある．CFD については，風力および風応答の新たな評価手法として荷重指針にも導入が図られているので参照されたい．

　なお，表 2.3 に示す基本風速の例（地表面粗度区分 II，地上 10m）は，対象期間 1 年の基本風速については荷重指針に示されている都市別パラメータを用いて計算している．対象期間 5 年，10 年，50 年の基本風速については，対象期間 1 年の風速値に，それぞれ 1.193，1.447，1.653 の設計用風速比を乗じたものを環境振動設計における基本風速としている．設計用風速比の決定方法については，2.2.2 項の「c. 設計用風速比」を参照されたい．

表 2.3　基本風速の例（地表面粗度区分 II，地上 10m）

都市名	1 年 U_1	5 年 U_5	10 年 U_{10}	50 年 U_{50}
札幌	22.8	27.2	33.0	37.7
秋田	22.9	27.3	33.1	37.8
仙台	22.2	26.5	32.1	36.7
新潟	23.5	28.0	34.0	38.8
金沢	23.6	28.2	34.2	39.1
東京	19.4	23.2	28.1	32.1
千葉	22.2	26.4	32.1	36.6
静岡	20.1	24.0	29.1	33.2
名古屋	17.5	20.9	25.3	28.9
京都	16.1	19.2	23.3	26.6
大阪	18.2	21.7	26.4	30.1
広島	14.2	17.0	20.6	23.5
高知	16.4	19.5	23.7	27.1
福岡	19.0	22.7	27.5	31.4
鹿児島	17.9	21.4	25.9	29.6

2.3.3　設計クライテリアの設定

　設計クライテリアは，性能評価図における評価レベルと建築物の 1 次固有振動数の関係から応答加速度で与えられる．評価レベルは，性能マトリクスにおける目標性能（性能グレード）と対象期間（入力レベル）の関係から決まる．

　応答加速度は，並進 2 方向およびねじれ方向についてそれぞれ算出し，各方向の 1 次固有振動数との関係を性能評価図にプロットして，各方向で独立して評価レベルを判定するのが一般的である．ただし，各方向の 1 次固有振動数が近く振動が連成する可能性がある場合には，設計者判断により各方向の応答加速度の自乗和平均平方根値（rms 値）による評価や，時刻歴応答解析により同時性を考慮した評価を行うケースも考えられる．

2.3.4 応答予測の方法

応答予測については，大きく以下の三つの手法が挙げられる．

a. 荷重指針の簡易予測法

この予測方法は，建築物の各方向の1次モードのみを対象とした等価1質点系モデルを用い，建築物形状に適用範囲（矩形平面，辺長比 0.2～5.0，塔状比 6 以下）を設けることで，後述のスペクトルモーダル法に基づいて簡略化した応答予測法である．荷重指針では，並進2方向（風方向，風直交方向）の最大応答加速度とねじれ方向の最大応答角加速度の算定式が与えられている．各式とも，建築物形状と風荷重を規定する諸定数に，固有振動数に依存するピークファクターと，固有振動数および減衰比に依存する共振係数の平方根を乗じる形となっており，固有振動数と減衰比の評価が応答予測の要となっている．

b. 周波数応答解析（スペクトルモーダル法）

確率・統計的方法による建築物の振動解析モデル（多質点系モデルまたは立体骨組モデル）を用いた応答予測手法のひとつである．本手法では，図 2.9 に示すように，変動風力の振動数成分（パワースペクトル）に，建築物の振動数ごとの応答加速度倍率の2乗（力学的アドミッタンス）を掛け合わせて，建築物の応答加速度のパワースペクトルを求める．次に得られた応答加速度のパワースペクトルを振動数軸に対して積分し，応答加速度の分散より標準偏差値を求める．そして最後に，応答加速度の標準偏差値にピークファクターを乗じて最大応答加速度を求める．ここで，力学的アドミッタンスとピークファクターの算定には，固有振動数と減衰比が大きく関係しており，これらの値によって応答予測値が大きく変化する点に注意を要する．なお，スペクトルモーダル法は基本的には1次モードを対象とした応答予測法であるが，モーダル解析と組み合わせることにより，高次モードの影響を考慮することも可能である．

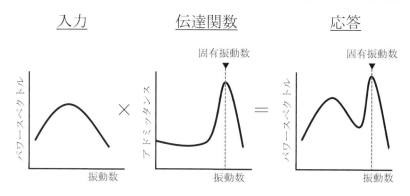

図 2.9 スペクトルモーダル法の概念図

c. 時刻歴応答解析（直接積分法）

変動風力の時刻歴を入力として，建築物の振動解析モデル（多質点系モデルまたは立体骨組モデル）を用いた応答解析により最大応答値を算出する．非線形性のある構造物や各方向の入力や応答の同時性を評価する場合に採用する．

2.3.5 振動解析モデルの確認

環境振動を評価する際，想定する入力に対して応答を予測するため，伝達関数を与える振動解析モデルを作成する必要がある．伝達関数は「固有振動数」「減衰比」の影響を大きく受けることから，振動解析モデルの「固有振動数」「減衰比」を適切に設定することが重要である．また，構造体の劣化や損傷，仕上げ材などの非構造体が，架構の固有振動数や減衰比に影響を与える可能性がある．こうした影響を考慮して，「固有振動数」や「減衰比」については，幅を持たせて余裕のある設計とすることが望ましい．

a. 固有振動数

質量，剛性で与えられる．

質量：荷重条件（固定荷重，積載荷重）

剛性：架構計画，部材断面設計，部材剛性評価，地震後のひび割れによる剛性低下

b. 減衰比

内部粘性減衰，付加減衰（制振部材，制振装置）で与えられる．

本会「建築物の減衰」（2000）[8]によると，高さ 70m 以上の鉄骨造超高層建築物では，居住性能評価において標準値を 1.0%，推奨値を 0.7% としている．付加減衰については過大とならないよう適切に評価する必要がある．

2.3.6　目標性能の確認（性能グレードの評価と確認）

入力レベルと評価レベルとの関係を性能マトリクスと照合し，性能グレードを評価する．認定したすべての入力レベルに対する性能グレードが目標性能を充足することを確認できれば，環境振動設計は完了となる．目標性能を充足しない場合には，部材断面変更による剛性修正や，制振部材・制振装置による減衰付与などを検討し，再度応答予測を行って目標性能を充足することを確認する．場合によっては，目標とする性能グレードを見直し，改めて建築主との合意形成を図ることも考える．

簡易予測法の場合，最終的な振動解析モデルの構造特性を入力パラメータとして応答加速度を再計算し，固有振動数と応答加速度により居住性能を再評価する．

風洞実験の場合，風力変動に影響ない範囲での形状・振動性状の変更であれば，最終の振動解析モデルにより応答解析を行い，固有振動数と応答加速度により居住性能を再評価する．

固有振動数と応答加速度の関係は外力との共振状態に応じて大きく変化するが，減衰比と応答加速度の関係は，外力にかかわらず，減衰比が β 倍になると応答加速度は $1/\beta^{0.5}$ 倍になることが知られている[1]．

2.3.7　計測による性能確認

振動源が風の場合には，歩行や交通振動の場合とは異なり，設計で想定する外力を人工的に作用させて建築物の応答を計測することは困難である．また，大きな風外力の発生頻度も低いことから，強風時の振動計測による性能確認は難しいと考えられる．しかしながら，周囲振動の計測により完成した建築物の固有振動数や減衰比を可能な範囲で確認し，解析条件の妥当性を検証することは重要である．

ただし，計測値としての固有振動数と減衰比は必ずしも設計値と正確に一致している必要はない．応答予測が目標性能を充たすように，固有振動数はばらつきを考慮したうえで共振現象が回避できること，減衰比は設計値と同程度以上であることを確認する．

2.4　風振動に対する設計例

　具体的な設計例を基に設計フローを確認する．なお，詳細な計算過程の説明は省略する．

2.4.1　荷重指針の簡易予測法による集合住宅の設計例

　図 2.10，表 2.4 に鉄筋コンクリート造 44 階建ての対象建築物の概要を示す．減衰比は文献 8)を参考にして，各方向（X 方向，Y 方向，ねじれ方向）とも 0.8% とした．

　建築主との協議により，性能グレードは住居系の「標準」にあたる性能グレード 2 に設定し，評価レベルは対象期間 1 年の風に対して H-III，対象期間 5 年の風に対して H-IV を目標とすることを合意した．また，固有値解析により，X 方向（並進強軸方向），Y 方向（並進弱軸方向），ねじれ方向（Z 軸回り方向）の固有振動数とモード形は表 2.5 となった．

　設計用入力（風力）は風向が X 方向の場合（case1）と Y 方向の場合（case2）を考える（表 2.6）．建設地は大阪で，対象期間 1 年および 5 年の基本風速（地表面粗度区分 II，高さ 10m）は表 2.3 よりそれぞれ 18.2m/s，21.7m/s とした．地表面粗度区分 IV，基準高さ 155m より，設計風速は対象期間 1 年で 22.0m/s，対象期間 5 年で 26.2m/s と計算される．

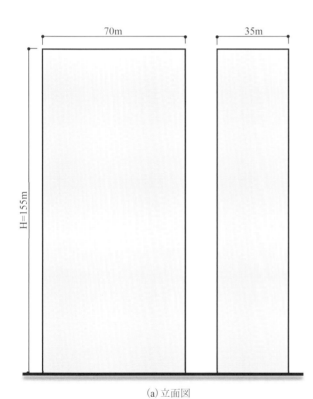

(a) 立面図

(b) 平面図

図 2.10　建築物の形状と座標軸

表 2.4　建築物の概要

建設地	大阪
用途	集合住宅
構造種別	鉄筋コンクリート造
建築物高さ	155m（44 階建て）
平面形状	長方形（70m×35m）
塔状比	3.1
建築物密度	315 kg/m³
1 次減衰比	各方向とも 0.8%
地表面粗度区分	IV

表 2.5　各方向の固有振動数とモード形

方向	1 次固有振動数	モード形[注]
X 方向 （並進強軸方向）	0.29 Hz	$(Z/H)^{0.9}$
Y 方向 （並進弱軸方向）	0.24 Hz	$(Z/H)^{1.0}$
ねじれ方向 （Z 軸まわり方向）	0.32 Hz	$(Z/H)^{0.8}$

[注] Z:地表面からの高さ(m)，H:基準高さ(m)

表 2.6　検討ケース一覧

ケース	風向	再現期間	幅 B(m)	奥行 D(m)	検討方向
case1	X 方向	1 年 5 年	35	70	X 方向（風方向） Y 方向（風直交方向） ねじれ方向
case2	Y 方向	1 年 5 年	70	35	X 方向（風直交方向） Y 方向（風方向） ねじれ方向

　表 2.7 に荷重指針の簡易予測法による最大応答加速度の計算結果を示す．ねじれ方向に関しては，荷重指針より求まる最大応答角加速度に建築物隅角部までの最大距離（39.1m）を乗じて最大応答加速度に変換している．表 2.7 の下線を引いた数値は，各方向の最大応答加速度であり，後述の性能評価図（図 2.11）へのプロットに使用した．

　図 2.11 に各方向の最大応答加速度の性能評価図へのプロットを示す．風による建築物の振動は，定常的な 1 次固有振動が支配的であるため，横軸は固有値解析より求めた各方向の 1 次固有振動数，縦軸は各方向の最大応答加速度となる．

　図 2.11 より，対象期間 1 年および 5 年の風振動に対する評価レベルは，それぞれ H-III，H-IV に位置づけられる．さらに図 2.12 の性能マトリクスに示すように，対象期間 1 年に対して評価レベル H-III であれば性能グレード 2，対象期間 5 年に対して評価レベル H-IV であれば性能グレード 2 となり，双方の入力レベルに対して目標とする性能グレードを充足している．

　なお，架構完成後には振動計測を実施し，各方向の固有振動数および減衰比が設計値に対して同等程度の評価となることを確認している．

表 2.7　最大応答加速度

再現期間	ケース	X 方向	Y 方向	ねじれ方向
1 年	case1	1.1	<u>3.4</u>	<u>1.8</u>
	case2	<u>1.9</u>	2.1	1.3
5 年	case1	1.7	<u>5.4</u>	<u>3.4</u>
	case2	<u>3.2</u>	3.3	2.5

（単位：cm/s²）

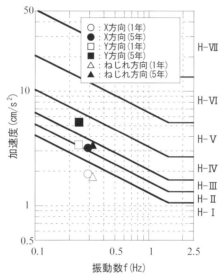

図 2.11　性能評価図へのプロット

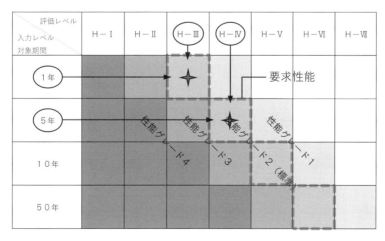

図 2.12　性能マトリクスによる性能グレードの決定（住居系）

2.4.2　スペクトルモーダル法による事務所ビルの設計例

　風向頻度を考慮しない方法で，居室の代表点における最大応答加速度を算出し居住性能を評価する．建築主との協議により，性能グレードは事務所系の「標準」にあたる性能グレード2に設定し，入力レベル（対象期間1年の風）に対して評価レベルH-IVを目標とすることを合意し，これを基に構造計画および構造設計を進めていく．

　図2.13および表2.8に鉄骨造の対象建築物の概要を示す．本例では，はじめに減衰比は「建築物の減衰」[8]を参考に，耐震設計上必要となる制振部材（本建築物ではオイルダンパ）の効果を考慮して，各方向（X方向，Y方向，ねじれ方向）とも1.0%として居住性能の検討を行った．このとき，建築主と合意した目標性能を充足しないことが確認されたため，建物物の頂部にアクティブマスダンパ（AMD）を設置して減衰比を付加することとなった．

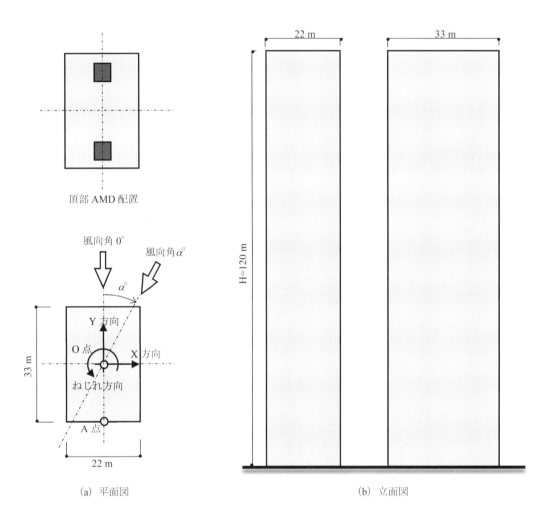

頂部 AMD 配置

（a）平面図　　　　　　　　　　　　（b）立面図

図2.13　建築物の平面形状と座標軸

表2.8　建築物の概要

建設地	東京
用途	事務所
構造種別	鉄骨造
建築物高さ	120m
平面形状	33m×22m
塔状比	4.5
地表面粗度区分	IV

表2.9　各方向の固有振動数

次数	方向	固有振動数	一般化質量
1次	X方向	0.30 (Hz)	6.2×10^5 (kg)
2次	Y方向	0.32 (Hz)	6.7×10^5 (kg)
3次	ねじれ方向	0.35 (Hz)	1.2×10^9 (kg·m^2)

表 2.9 に固有値解析結果を示す．表 2.9 の一般化質量とは，高さ z(m) における単位高さあたりの質量 m(z)（単位：kg/m）と頂部のモード形振幅を 1 に規準化した高さ z(m) における 1 次モード値φ(z) の 2 乗を乗じた値を高さ方向に総和した値である．ただし，ねじれ方向については，質量ではなく高さ z(m) における単位高さあたりの慣性モーメント i(z)（単位：kg m²/m）とφ²(z) の積を高さ方向に総和した値であり，頂部のモード形振幅を 1 としたねじれ 1 次モードの一般化慣性モーメント (kg m²) である [5]．

　本検討では風向頻度を考慮しないため，荷重指針の基本風速分布図により定められる対象期間 1 年の風速に対する最大応答加速度を全風向について求め，最大応答加速度の全風向中の最大値を採用する．建設地は東京で，対象期間 1 年の基本風速（地表面粗度区分 II，高さ 10m）は荷重指針より 20m/s とした．地表面粗度区分 IV，基準高さ 120m より，設計風速は対象期間 1 年で 22.5m/s と計算される．

　全ての風向から対象期間 1 年の風速が吹いたときの風向ごとの応答加速度を図 2.14 に示す．標準偏差とこれに風応答方向のピークファクターを乗じた最大応答加速度を併記している．ねじれ方向については，長辺長さ D/2＝16.5m に応答角加速度を乗じた値を示す．表 2.10 に代表点での各方向の最大応答加速度を示す．

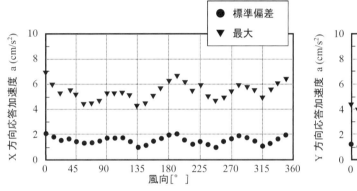

(a) X 方向応答加速度（O 点）

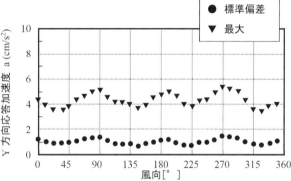

(b) Y 方向応答加速度（O 点）

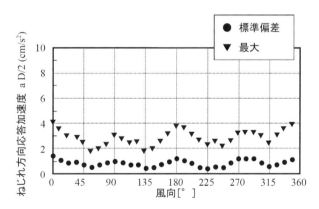

(c) ねじれ方向応答加速度（A 点）

図 2.14　応答加速度の標準偏差および最大値

表 2.10　対象期間 1 年の最大応答加速度

X 方向		Y 方向		ねじれ方向	
O 点		O 点		A 点	
風向角 (°)	加速度 (cm/s²)	風向角 (°)	加速度 (cm/s²)	風向角 (°)	加速度 (cm/s²)
0	6.9	270	5.3	0	4.1

　図2.15に各方向の最大応答加速度（AMDなし）の性能評価図へのプロットを示す．対象期間1年の風振動に対する評価レベルはH-Vに位置づけられる．これを図2.16の性能マトリクス（事務所系）上に⬥で示すと，入力レベル（対象期間1年）に対して評価レベルH-Vは性能グレード1となり，目標とする性能グレードを充足しない．

　次に，AMDによる減衰比（設計値として並進方向7%，ねじれ方向2%）を加えて減衰比を再設定し，前述と同様の検討を行った．この応答値（ADMあり）を改めて図2.15にプロットすると評価レベルはH-IVとなる．これを図2.16の性能マトリクス上に⬥で示すと，入力レベル（対象期間1年）に対して評価レベルH-IVは性能グレード2となり，目標となる性能グレードを充足する．

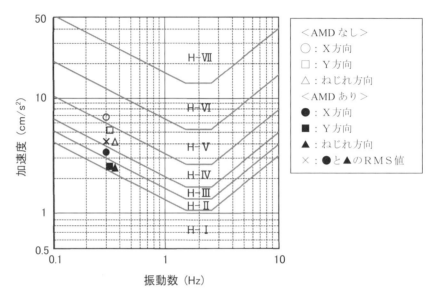

図2.15　性能評価図へのプロット

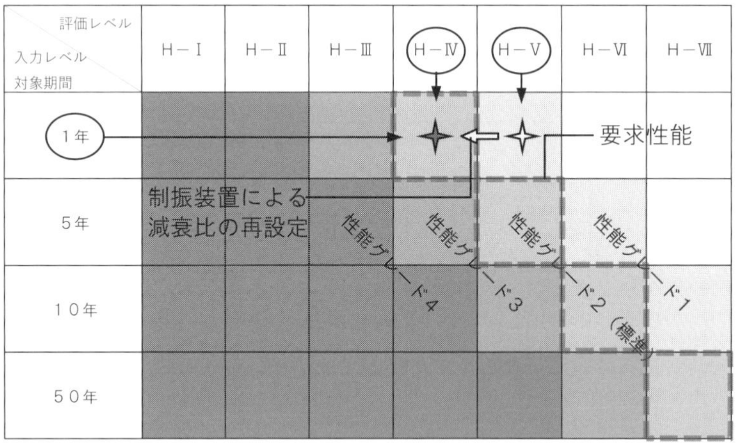

図2.16　性能マトリクスによる性能グレードの決定（事務所系）

　なお，架構完成後には振動計測を実施し，各方向の固有振動数および減衰比が設計値に対して同等程度の評価となることを確認している（表2.11）.

表2.11　固有振動数および減衰比の実測値

次数	方向	固有振動数 (Hz)	減衰比（%）	
			架構	制振装置
1次	X方向	0.32	1.0	9.1
2次	Y方向	0.34	2.0	7.4
3次	ねじれ方向	0.38	1.0	2.1

2.4.3　複合用途ビルの設計例

a. 設計条件の設定

　図 2.17 に示すコンクリート充填鋼管造 32 階建て，建築物高さ 142m，延床面積 56000 ㎡の超高層事務所ビル（建設地：東京）の設計を依頼され，事業継続の観点から高い耐震性能や耐風性能を設定した．居住性能に関しても強風時および歩行時ともに上級グレードの設定を建築主と合意し，設計をスタートさせた．性能グレードの設定は，風に対して事務所で上級グレードとなる性能グレード 3 とした（図 2.18 の①）．基本設計を行い，概算見積により建設費を算出した．

　その結果，事業予算との乖離が大きかったため，建築主と協議して風振動に対する居住性能グレードを 1 グレード下げることとした．事務所で「標準」となる性能グレード 2 に変更した（図 2.18 の②）．実施設計および確認申請を完了させ，建設工事が着工した．

　地下工事が進捗している時期になり，ビル上部の 5 層（28〜32 階）を高級ホテルに用途変更することが決定され，当該範囲の居住性能を建築主と協議した．工事を中断せずに対応するため，主架構を変更せず，屋上に AMD を追加設置して応答制御することとなった．性能グレードの設定は，基本的にはホテルの上級グレードである性能グレード 3 とし（図 2.18 の③），上部 3 層の角部屋のみはねじれ応答も考慮すると性能グレード 2 となることで合意し，ホテル運営上で対応することとなった．

　なお，すべてのケースにおいて，応答検討を行う入力レベルは対象期間 1 年と 5 年の 2 つを設定した．工事竣工の数か月前に振動計測を実施し，固有振動数や減衰比を確認するとともに，AMD の最終チューニングを行った．

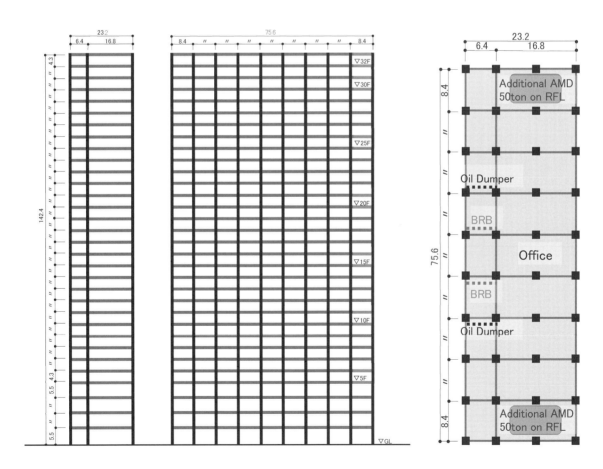

東西（X 方向）軸組図／南北（Y 方向）軸組図　　　　　　　　基準階床伏図

図 2.17　建築物概要

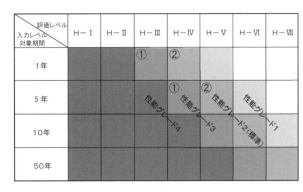
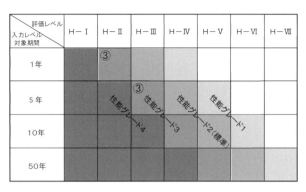

図 2.18　設計例における性能グレード設定

b.　設計フロー

図 2.19 に設計例における設計フローを示す．性能（グレード）設定および建築主との合意形成から目標性能の確認までの設計ループを 3 回繰り返している．

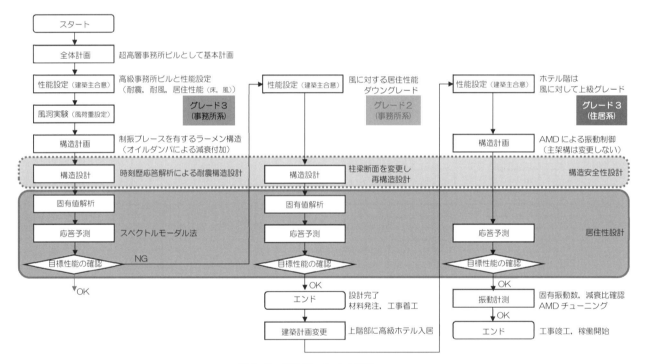

図 2.19　設計例における設計フロー

c. 事務所設計

　本建築物では，構造安全性設計において風ではなく地震で部材断面が決まるものの，風振動に対する居住性能で性能グレード 3 となっており，対象期間 1 年で H−II 程度の最大応答加速度に抑える必要があることを考慮しながら構造基本設計を進めた．

　構造形式としては柱 CFT 造，大梁鉄骨造，そして低降伏点鋼を用いた履歴系制振ブレースを有するラーメン構造とし，各階にオイルダンパを配置した制振構造とした．

　対象期間 1 年および 5 年の基準風速（地表面粗度区分II，高さ 10m）はそれぞれ 18.3m/s，21.8m/s とした．ここで，1 年に対する 5 年の風速比は全国平均の 1.193 倍を用いている．

　固有値解析により，建築物の固有振動数は X 方向 0.27Hz，Y 方向 0.36Hz，ねじれ方向 0.30Hz であった．応答予測の方法はスペクトルモーダル法（周波数応答解析）とし，減衰比は各方向とも 0.8% とした．予測結果は，表 2.12 の①および図 2.21 性能評価図の●マークで示すように X 方向 H−II，ねじれ方向 H−III 下限であり，性能マトリクスと照合して性能グレード 3 であることを確認した．

　次に，コスト整合を図るため 1 グレードダウンを目標に X 方向の大梁断面を小さくして鉄骨量を削減した．これにより固有振動数は X 方向 0.24Hz，Y 方向 0.36Hz，ねじれ方向 0.26Hz となり，性能評価図よりねじれ方向 H−IV 下限（表 2.12 の②および図 2.21 の◆マーク），性能マトリクスより性能グレード 2 となった．

　なお，検討における評価は，風洞実験により得られた風圧力に対する応答加速度を風向ごとに求め，応答加速度の全風向中の最大値を採用した．図 2.20 は上記の性能グレード 2 となる架構における風向ごとの対象期間 1 年の風振動に対する応答加速度を示している．風向頻度を参考に載せているが，本検討では風向頻度に基づく応答加速度の低減は行っていない．ねじれ方向の応答加速度は，回転中心から建築物角部の距離に応答角加速度を乗じた値を用いている．

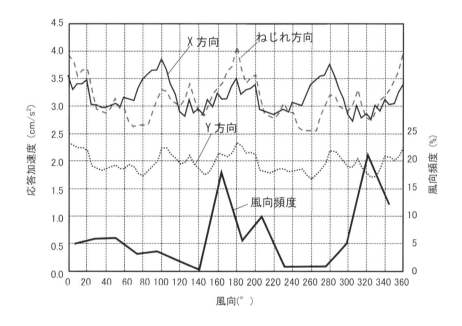

図 2.20　風向別応答加速度（対象期間 1 年）

d. ホテル設計

　X 方向およびねじれ方向の応答低減を図るため，図 2.17 に示すように屋上に質量 50ton の AMD を 2 基，それぞれ端部スパンに設置することとした．これにより減衰比は，X 方向 1.7％，ねじれ方向 3.6％，そして Y 方向は変化なしで 0.8％となった．

　AMD による振動制御で応答は大きく低減されたが，表 2.12 の③および図 2.21 の▲マークで示すように 30〜32 階の角部屋においては，ねじれ応答が大きく H−II中間あたりとなった．それ以外のホテル客室では H−Iとなったことから，建築主と合意のうえで性能グレード 4 を確保したという判断を行った．30〜32 階の角部屋は，当該地域への台風直撃が予想される日には空室とするなどの運用上の配慮を行うこととなった．振動計測においては，固有振動数と減衰比を実測し，それぞれ設計で採用したばらつきを考慮した範囲内の値であることを確認した．

表 2.12　各応答予測による応答加速度

	固有周期 (s)	固有振動数 (Hz)	応答加速度 (cm/s²)
①　グレード 3（事務所系）狙い			
X 方向	3.70	0.27	2.82
Y 方向	2.80	0.36	2.13
ねじれ方向	3.30	0.30	3.05
②　グレード 2（事務所系）狙い			
X 方向	4.20	0.24	3.82
Y 方向	2.80	0.36	2.13
ねじれ方向	3.80	0.26	4.09
③　グレード 3（住居系）狙い			
X 方向	4.20	0.24	2.60
Y 方向	2.80	0.36	2.13
ねじれ方向（32 階）	3.80	0.26	2.88
ねじれ方向（29 階）	3.30	0.30	2.39

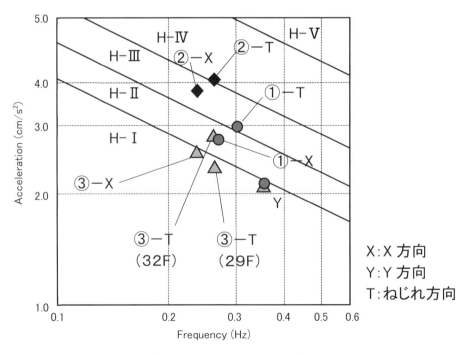

図 2.21　対象期間 1 年の風に対する性能評価図

2.5　地震に対する考え方

　本書「設計の手引き」では，超高層建築物や免震建築物について，風だけでなく地震（とくに，長周期地震動）に対する居住性についても触れることにした．長周期の水平振動に対する居住性能については，日本において超高層建築物の建設が始まるころから研究されており，風や地震による超高層建築物の揺れを対象として，居住性能を確保するための快適性や機能性について研究がなされている[9]．高層建築物やペンシルビルのような長周期構造物の場合，地震動についても，入力レベルを適切に評価すれば，風と同様の考え方で居住性能を評価することが可能であるが，ここでは，長周期地震動の観測事例を示すにとどめる．具体的な検証や設計の方法は示さないが，地震に対する居住性能を考える一助になればと考えている．

2.5.1　長周期地震動の観測事例

　参考として，東北地方太平洋沖地震における長周期地震動による超高層建築物の振動について，その特徴をよく捉えた東京および大阪の観測事例を示す．

a. S ビル [10),11)]

　建築物の 1 次固有周期（短辺方向：6.7 秒，長辺方向：5.7 秒），2 次固有周期（短辺方向：2.0 秒，長辺方向：1.8 秒）に対して，建築物の 2 次モードが卓越した主要動による揺れ，建築物の 1 次モードが卓越した地震のあと揺れが 10 分以上続いた．主要動に対しては，最上階（R 階）の片側振幅で最大 50cm 程度の揺れ（短辺方向 54cm，長辺方向 49cm）が確認された※．また，最大応答加速度は，最上階で短辺方向 236cm/s^2，長辺方向 161cm/s^2 を，中間階（28 階）で短辺方向 112cm/s^2，長辺方向 171cm/s^2 を記録した※．あと揺れに対しては，短辺，長辺ともに最上階（R 階）の片側振幅で最大 20cm 程度の揺れが確認された※．また，最大応答加速度は，最上階で短辺方向 25cm/s^2 程度を記録した※．

b. O ビル [12)]

　建築物の 1 次固有周期（短辺方向：6.5 秒，長辺方向：7.0 秒）と大阪湾地域における地震動の卓越周期（6〜7 秒）がほぼ一致したことで共振現象が生じた．建築物の 1 次モードが卓越した主要動による揺れと地震のあと揺れは約 10 分間続き，最上階（52 階）では片側振幅で最大 1m を超える揺れ（短辺方向 137cm，長辺方向 86cm）が確認された※．また，最上階の最大応答加速度は，短辺方向で 131cm/s^2，長辺方向で 88cm/s^2 を記録した※．

※いずれも建築物内に設置された地震計（加速度計）の観測データによる．

2.5.2　現状の課題と今後について

　入力レベルの設定については，長周期地震動に含まれる長周期の波は短周期の波と比べて減衰しにくく遠方へと伝わる性質があることから，検討対象建築物に影響を及ぼす振動源を特定することが難しく，議論の余地がある．また，前述の事例が示すように，地震動の伝達経路である地盤の卓越周期が大きく影響することにも注意する必要がある．

　最近では，（超）高層建築物に制振ダンパ等の減衰機構を配置して，耐震性能の向上を図ることは一般的になっている．その中でも，オイルダンパなどの粘（弾）性系の減衰機構を取り付けることは，長周期地震動による揺れの大きさや時間を低減することができ，家具の転倒や移動，天井の落下などを防止して建築物利用者の安全を確保するだけでなく，利用者が安心して行動できることにもつながる．

　建築物の耐震性能には影響を及ぼさないレベルの地震動ではあるが，前述の観測地震波などを用いることで，建築物にどの程度の揺れを生じ，何が起きるかを想定して建築主に示すことは，設計者の説明責任として，今後より一層求められるであろう．

参 考 文 献

1) 日本建築学会：建築物の振動に関する居住性能評価指針・同解説，1991

2) 日本建築学会：建築物の振動に関する居住性能評価指針・同解説，2004

3) 野田千津子，石川孝重：居住者意識に基づいた水平振動に対する居住性能のグレード化に関する研究，日本建築学会環境系論文集，第 75 巻，第 648 号，pp.131-137，2010.2

4) 日本建築学会：建築物の振動に関する居住性能評価規準・同解説，2018

5) 日本建築学会：建築物荷重指針・同解説，2015

6) 大熊武司，神田順，田村幸雄：建築物の耐風設計，鹿島出版会，1996

7) AS1170, Part2-1975（旧オーストラリア基準）

8) 日本建築学会：建築物の減衰，2000

9) 後藤剛史：居住性に観点をおいた高層建築物の振動評価に関する研究，東京大学博士学位論文，1975

10) 青野英志，木村雄一，細澤治，新居藍子，欄木龍大，長島一郎：長周期地震動対策を行った超高層建物の制振効果（その1　建物概要と制振効果），日本建築学会大会学術講演梗概集（東海），pp.1019-1020，2012.9

11) 新居藍子，欄木龍大，長島一郎，青野英志，木村雄一，細澤治：長周期地震動対策を行った超高層建物の制振効果（その2　観測記録による高次モードを含む制振効果の検証），日本建築学会大会学術講演梗概集（東海），pp.1021-1022，2012.9

12) 大阪府総務部：咲洲庁舎の安全性等についての検証結果，2011.5，参照：2019.10
（http://www.pref.osaka.lg.jp/otemaemachi/saseibi/bousaitai.html）

第3章　内部人工振動源に対する環境振動設計

3.1　基本的な考え方

　内部人工振動源については，建築物内での人間活動が振動源となるものと，建築物内に設置された機械の稼働が振動源となるものを対象としている．前者は主に歩行等の人の動作による振動であり，後者は設備機器などが該当する．近年，大規模事務所ビルの執務室には，無柱空間であることが求められ，それによりロングスパン部では，日常的に生じる歩行振動が問題となることがある．また，ホテルや集合住宅等の集合施設などでは，スパンが長くなくとも環境振動に対する許容値が小さいことから苦情が発生する場合がある．一方，設備機器による振動では，たとえば屋上や中間階の設備機械室に設置された機械による振動が，架構を通じて伝搬することにより，その上下階の居住性能が低下する事象も発生している．このように内部人工振動源については，自然振動源（風，地震等）に比べて，はるかに対象期間が短い（再現性が高い）ために問題が表面化するケースも多い．

　本書「設計の手引き」では，歩行振動を始めとした建築物内部での人工振動源に対して環境振動設計を行う際の「性能マトリクス」と「設計フロー」を示し，これらを使用して，建築主との合意形成に基づく要求性能の決定から応答値の予測と算定，性能グレードの評価について，具体的な方法を説明する．

3.2　歩行振動に対する性能マトリクス

3.2.1　性能マトリクスの構成

　図 3.1 に，歩行振動に対する性能マトリクスの一例を示す．

a.　縦軸（入力レベル）の設定

　縦軸は入力レベルであり，歩行の頻度に関係した対象期間で表現され，縦軸の上から下に向けて入力レベルが大きくなる．環境振動設計における歩行の入力レベルは，対象期間を「時間」や「日」単位で設定しており，その中で「10分」，「1時間」，「1日」，「7日」を標準的な入力レベルとして設定している．設計者は建築主の要求に応じて性能マトリクスの縦軸に示す対象期間に対応する適切な入力レベルを設定する必要があり，例示した図 3.1 を用いることや，その中からいくつかのケースを抜粋すること，もしくは対象期間そのものを変更することなどにより設計に用いる性能マトリクスを設定する．

　ここでは，基本的な人の歩行動作である「一人歩行」，「二人歩行」，「一人小走り」，「多人数歩行」の 4 つを歩行振動の入力レベルとして設定している．これは，入力レベルを明快な大きさで示すことを考え，既往の研究 [1~3] でも示されているとおり，外力としての大きさが，おおむね $\sqrt{2}$ 倍ずつ大きくなるように設定したためである．

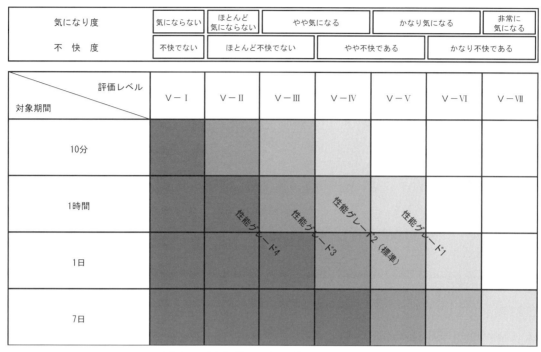

気になり度	気にならない	ほとんど 気にならない	やや気になる		かなり気になる		非常に 気になる
不　快　度	不快でない	ほとんど不快でない		やや不快である		かなり不快である	

対象期間＼評価レベル	V－Ⅰ	V－Ⅱ	V－Ⅲ	V－Ⅳ	V－Ⅴ	V－Ⅵ	V－Ⅶ
10分							
1時間							
1日							
7日							

性能グレード4　性能グレード3　性能グレード2（標準）　性能グレード1

図 3.1　歩行振動に対する性能マトリクスの一例

　事務所系における入力レベルを考える場合には，対象期間に応じた設定が重要であり，人の動作に対する発生頻度は，その対象となる室の大きさに拠る場合が多く，規模によって想定する行動範囲や人の動作が異なる可能性が高い．図 3.2 にその代表例と人の動作の特徴を示す．

(1) 大規模事務所の行動範囲と特徴

　多様な人の動作が考えられ，一人歩行がもっとも発生頻度が高く，次いで二人歩行，一人小走り，多人数歩行の順で発生頻度が高い（図 3.2(a)）．

(2) 中小規模事務所の行動範囲と特徴

　人の動作は限定され，同じ一人歩行でもその発生頻度は大規模事務所より低い．その中で一人歩行，二人歩行，一人小走りの順で発生頻度が高く，多人数歩行の発生頻度はほとんどない（図 3.2(b)）．

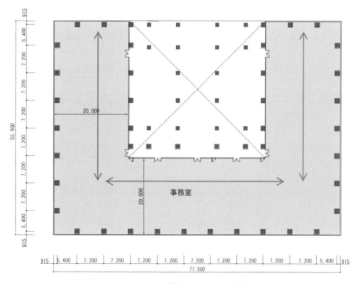

（a）大規模事務所の行動範囲の例

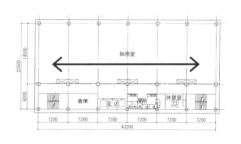

（b）中小規模事務所の行動範囲の例

図 3.2　事務所系の規模による行動範囲

b. 横軸（評価レベル）の設定

　横軸は評価レベルであり，揺れに対する気になり度，不快度で表現され，横軸の左から右に向けて評価レベルが大きくなる．

　歩行振動は基本的に鉛直振動を対象としているため，評価規準 [4] に倣い V–Ⅰ～V–Ⅶの7段階で構成しているが，評価規準に示される応答加速度のような物理量ではなく，感覚表現として捉えるため，マトリクスの幅は等幅で表現する．

c. 性能グレード

　要求性能は，性能マトリクス上のマス目で規定され，斜めに並んだマス目（性能グレード）として表現される．性能グレード1から性能グレード4に向かって居住性能は良くなる．性能マトリクスは，設計対象とする室の用途により大きく「事務所系」と「住居系」に分けるが，いずれにおいても性能グレード2を「標準グレード」としている．このとき，居住性能評価の基準となる一人歩行の入力レベルに対して，「やや気になる」，「やや不快である」と判定される評価レベル（V–Ⅳ）は，室の用途や規模に拠らず，居住性能の観点では性能グレードが低いと考え，性能グレード1として設定している．この結果，標準となる性能グレード2は，一人歩行の入力レベルに対して，「やや気になる」，「ほとんど不快でない」と判定される評価レベル（V–Ⅲ）となる．

　また，評価規準によると，事務所系と住居系で鉛直振動に対する感じ方には違いがあることが述べられており，両者の評価レベルに対応する応答加速度そのものに差をつけて性能評価図が示されている．そのため，事務所系と住居系においては，用いる性能マトリクスを区別せず，同一のものを使用することとする．

　ただし，建築主からの要求や，設計対象となる建築物の規模や重要度に応じて，対象とする歩行振動の目標性能が異なることも考えられるため，その場合には適宜個別に対応することが望ましい．

3.2.2　性能マトリクスの運用方法

　前項の構成より作成した標準的な性能マトリクスを図3.3と図3.4に示す．

　図3.3は大規模な事務所系に対する性能マトリクスとして示すが，事務所系の規模によらず，多様な人の動作が考えられる場合にも適用できる．そのため，同じ状況（発生頻度と人の動作）であると考えられる住居系の性能マトリクスについても，同図を用いる．

　図3.4には，中小規模の事務所系に対する性能マトリクスを示すが，こちらは発生頻度がやや低く，人の動作に制限がある場合などで，たとえば多人数歩行を想定しない場合などに適用できる．また，上記と同様に同じ状況（発生頻度と人の動作）であると考えられる住居系の性能マトリクスも同図を用いる．

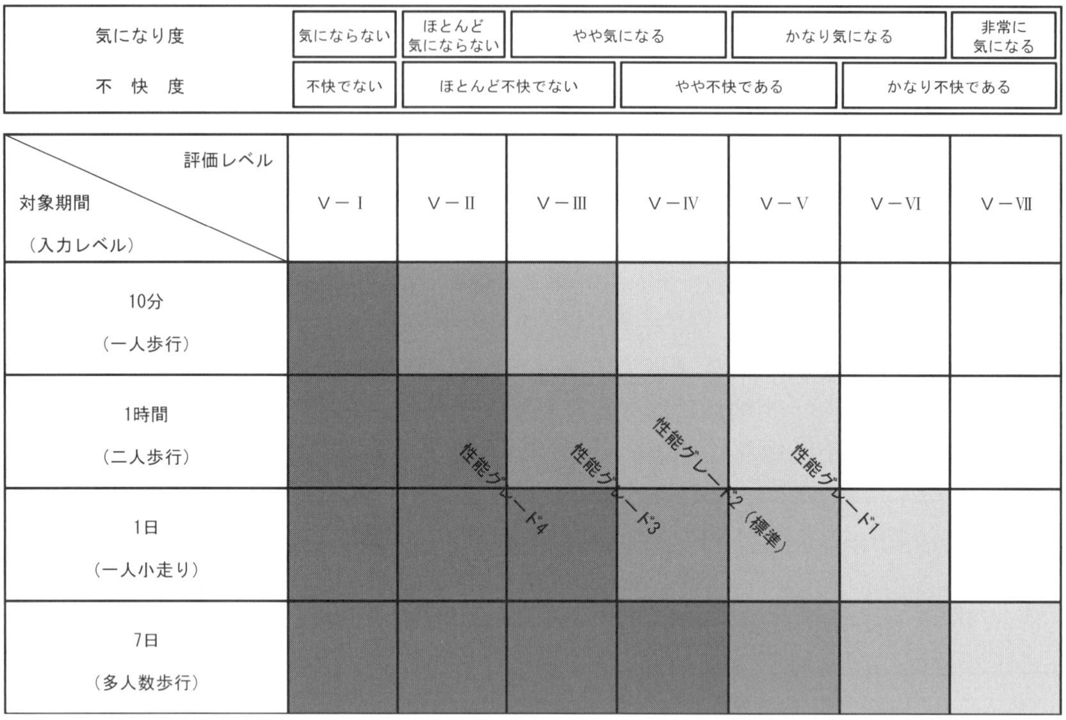

気になり度	気にならない	ほとんど 気にならない	やや気になる		かなり気になる		非常に 気になる
不　快　度	不快でない	ほとんど不快でない		やや不快である		かなり不快である	

対象期間 （入力レベル）＼評価レベル	V－Ⅰ	V－Ⅱ	V－Ⅲ	V－Ⅳ	V－Ⅴ	V－Ⅵ	V－Ⅶ
10分 （一人歩行）							
1時間 （二人歩行）							
1日 （一人小走り）							
7日 （多人数歩行）							

（図中：性能グレード4、性能グレード3、性能グレード2（標準）、性能グレード1）

図3.3　大規模な事務所系や住居系（多様な人の動作を想定）における歩行振動に対する性能マトリクス

気になり度	気にならない	ほとんど 気にならない	やや気になる		かなり気になる		非常に 気になる
不　快　度	不快でない	ほとんど不快でない		やや不快である		かなり不快である	

対象期間 （入力レベル）＼評価レベル	V－Ⅰ	V－Ⅱ	V－Ⅲ	V－Ⅳ	V－Ⅴ	V－Ⅵ	V－Ⅶ
1時間 （一人歩行）							
1日 （二人歩行）							
7日 （一人小走り）							

（図中：性能グレード4、性能グレード3、性能グレード2（標準）、性能グレード1）

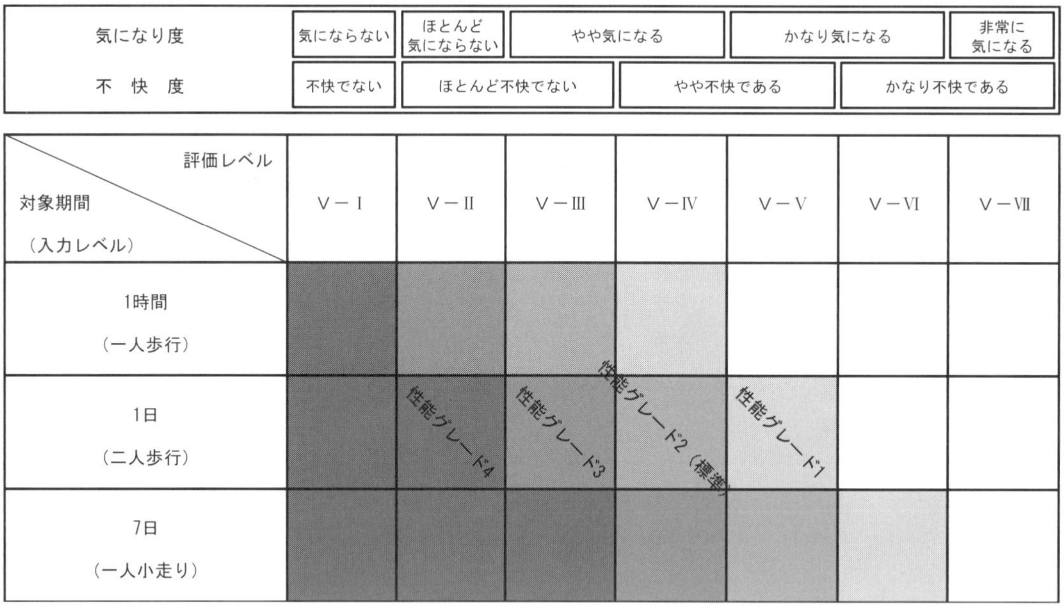

図3.4　中小規模の事務所系や住居系（人の動作に制限）における歩行振動に対する性能マトリクス

　次に，歩行振動に対する性能マトリクスを運用するうえでの留意事項をいくつか解説する．

・縦軸の入力レベルについて，環境振動設計においては，耐震設計や耐風設計で用いられる自然現象の再現性に関連した再現期間の代わりに対象期間という用語を用いている．

・横軸は評価規準では連続的であるが，性能マトリクスにおいては1つの評価レベルに1つの性能グレードが対応しているために離散的であると捉え，評価レベルの中央にプロットすることを原則とする．縦軸は離散的であり，検討を行う各入力レベルに対して1つずつ評価レベルをプロットする．

・異なる対象期間（入力レベル）に対してある 1 つの性能グレードを要求された際，それぞれの入力に対する応答のいずれかが当該グレードに対応する評価レベルにプロットされない場合がある．

・建築主と合意する内容は，入力レベル（発生頻度と人の動作）と性能グレードである．合意されていない対象期間については合意した性能グレードとならない場合があること，建築主にとって必要な建築物の居住性能とは何かなど，十分な説明を行い合意形成する必要がある．

・建築主と入力レベルを協議する際には，建築物の供用開始後の利用形態を考えて，入力レベル（人の動作）を示しながら合意形成していくことも有効であると考える．

・縦軸（対象期間，入力レベル）は，日常での発生頻度は高いが加振力としては小さい振動源（動作）や，発生頻度は低いが加振力として大きい振動源（動作）を設定する必要がある．建築物用途によっては，特殊な加振動作が日常的に起こりうると考えられる場合，設計者の判断にて適切に設定する必要がある．

・性能グレードを設定するうえでは，設計時に仮定する条件の不確実性，応答解析の予測精度，実建築物の質量や剛性ならびに減衰のばらつきにも配慮する必要がある．設計上これらをどう考慮するかは，条件や規模，重要度などに応じて建築主との合意形成時に設計者が判断する必要がある．

・横軸は性能評価図による評価レベルであり，第 2 版評価指針[5]での居住性能評価曲線と平行であることから，V-30 や V-70 といった知覚確率の線を重ねて比較することができるので，過去の設計との整合性も考慮しながら建築主との合意形成を進めていくことも可能である．

・設計者が，建築主との合意形成において性能マトリクスを利用しやすくなるよう，評価レベルと関係づけた「気になり度」「不快度」を表す言葉を性能マトリクスの上段に設けてある．あえて評価規準と異なる表現を用いた部分もあるが，今後，設計者が利用するなかで，より使いやすい表現に変えていくことを考えてのことである．

3.3　歩行振動に対する設計フロー

3.3.1　設計フロー

　歩行による床の鉛直振動に対する環境振動設計は，架構のモデル化が必要であることから，その設計は構造設計者が実施する場合が大多数を占める．ここでは，設計者が環境振動設計を実施する場合の設計フローについて述べる．設計のフローを図 3.5 に示す．

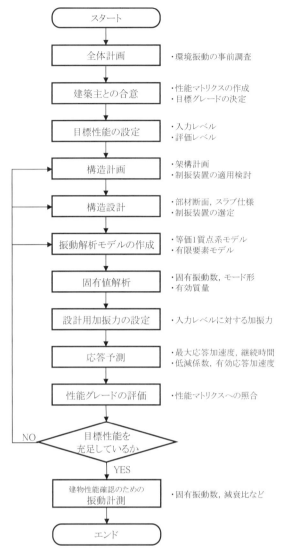

図 3.5　歩行振動に対する設計フロー

3.3.2　歩行振動の事前調査

　表 3.1 に事前調査で用いるチェックリストを示す．この表は，内部人工振動源全体に関わるチェックリストとして作成したものである．設計者は，全体計画を行う際に，このチェックリストを活用しながら設計対象とする床スラブの構造や振動源，振動伝搬経路などを抽出し，環境振動設計を実施する．

表 3.1　内部人工振動のチェックリスト

項目	チェック項目
建築概要	・規模：階数＿＿＿＿階，最高高さ＿＿＿＿m，最大スパン＿＿＿＿m
建築用途	□事務所系 □住居系（住宅，集合住宅，ホテル，病院） □その他（不特定多数）
構造種別	□木造　□S 造　□RC 造　□SRC 造　□その他（　　　　　）
床の仕様	□木造　□RC 造在来工法　□RC 造型枠デッキ　□RC 造合成デッキ　□その他（　　　　　）
振動源	□歩行や小走り　□たてのり　□設備機器　□機械　□自動車　□家電　□その他（　　　　　）
振動伝搬経路	□加振点≒受振点 □加振点≠受振点（加振点：＿＿＿＿，受振点：＿＿＿＿）

3.3.3　目標性能の設定（性能グレードの設定）

設計者は，図 3.3 や図 3.4 に示す性能マトリクスを用いて建築主の要求性能（性能グレード）を確認し，入力レベルと評価レベルの組合せによる目標性能を設定して構造計画，構造設計を行う．

通常の歩行振動に対する環境振動設計の場合，入力レベルは床に与える加振力であり，代表的な入力例が歩行荷重や小走り荷重である．ここでは対象となる加振源（歩行形態や人数）の確認を行い，入力レベルを決定する．

次に，横軸の評価レベルを定めていくが，たとえば類似物件における使用者の感覚調査などができれば，情報の整理ができて解析値と体感振動の関係から評価レベルの設定が可能となる．もしくは標準的な性能グレードであれば，性能グレード 2（標準）となる位置での評価レベルを逆算的に設定すればよい．

目標性能の設定には，設計時の仮定条件の不確実性，解析精度，竣工後の剛性や荷重のばらつき（内外装の仕上げ材や積載荷重など）にも配慮する必要があり，減衰比の設定も含めて設計段階ではパラメータスタディを実施することなども考える．

また，性能グレードをむやみに高く設定することは，過大な剛性・減衰の付与（大梁せいを上げる，制振装置を設置する），荷重の制限（積載荷重）などに直結するため，建設コストや階高などの空間構成に影響を及ぼすおそれがある．そのため，これらを建築主にあらかじめ説明したうえで合意形成を図ることが重要である．

3.3.4　入力レベルの設定

歩行荷重や小走り荷重の設定は，設計者に委ねられているのが現状である．この加振力の特性，大きさにより応答加速度は大きく変わるものであることから，適切な加振力を設定する必要がある．なお，歩行荷重の加振振動数については，床の固有振動数の倍調波成分として共振させる方法や，加振振動数の幅を定めて複数回の解析を実施する方法などが多く用いられている．

時刻歴応答解析を実施する際，後述する等価 1 質点系モデルの場合は，設計用入力と応答加速度の出力が同位置であるため，歩行荷重においても固定加振源と捉えた時刻歴連続波形として作成する必要がある．有限要素モデルの場合は，加振力を移動加振源として動かすことも可能である．この場合は，1 歩あたりの歩行波形を決めておけば，歩行振動数に応じて時刻と加力位置を逐次ずらしながら荷重を与える．

人間の動作による波形や振動数については，既往の文献[6, 7]などが参考になる．

3.3.5　応答予測の方法

a.　振動解析モデルと解析方法の概要

設計対象領域は，加振源と評価点が同一スラブ内にある場合は周囲を大梁で囲まれた床スラブ（小梁，格子梁等を含む），加振源と評価点が異なるスパンあるいは異なる階の場合は加振源と評価点を含む架構の一部になる．床スラブの設計における鉛直振動の評価点は，矩形形状の場合，通常は振幅がもっとも大きくなる床スラブ中央を考える．ただし，床スラブの形状や境界条件により床スラブ中央が最大応答点とはならない場合は，最大応答点を評価点とする．

応答予測においては，床スラブ上の評価点における鉛直振動が対象になる．歩行や走行による振動や一部の設備機器に対しては，床応答の非定常性を考慮する．ただし，床応答が定常的な振動となる設備機器の場合は，定常振動として扱ってよい．

b.　振動解析モデル

床スラブの最大応答加速度を予測するための振動解析モデルとして，簡易予測法としての等価 1 質点系モデル，あるいは複雑な形状や境界条件および移動荷重の影響を評価できる有限要素モデルを用いるなど，設計者が適切な振動解析モデルを作成する（図 3.6）．

(1)　等価 1 質点系モデル

床スラブの面外曲げ振動の簡易予測には，等価 1 質点系モデルを用いることができる．通常，床スラブの形状は矩形であり，境界条件は周辺固定であることが多い．大梁の剛性が十分に大きな場合は，床スラブ全体を小梁や格子梁等の影響を含めた床版とみなすことにより，弾性平板理論に基づき固有振動数を解析値として求めることができる．等価 1 質点系モデルにおいては，固有振動数を弾性平板理論の解析値と一致させ，その応答が鉛直振動の評価点における振幅

を再現できるように，等価剛性，有効質量および等価外力を決定する必要がある．このとき，有効質量は床スラブの全質量に対して，1次モードとして寄与する比率（有効質量比）を考慮したものであり，固有値解析の結果に基づく刺激関数を用いることや，文献[8]に示される方法により算定することができる．この有効質量は，第2章で示したモード値を定数倍の範囲で任意に定めることのできる一般化質量とは異なり，確定した数値である．また，等価外力は，等価1質点系モデルの質点における鉛直加振力として与える．床スラブの形状が不整形な場合，あるいは境界条件が複雑な場合は，次に示す有限要素モデルを等価1質点系モデルに変換する方法も考えられる．

(2) 有限要素モデル

　高次モードが励起されやすく 1 質点系モデルでは床スラブの応答を十分に再現することができないような場合，あるいは外力を移動荷重として与える必要がある場合は，有限要素モデルを用いて床スラブやそれを支持する周囲の架構をモデル化して応答加速度を予測する．

　鉄筋コンクリート造の床は大梁－小梁（格子梁）－床スラブ，大梁－ジョイスト梁－床スラブ，大梁－ボイドスラブといった異なる部材を組み合わせて構成されることが多く，鉄骨造の床はデッキプレートの上に軽量コンクリートを打設するなど異なる材料を用いて構成することも多い．このような床スラブの振動を詳細に予測したい場合は，振動解析モデルとして有限要素モデルを用いることができる．梁をすべて等価な板要素でモデル化することにより床スラブ全体を板要素のみでモデル化する方法や，梁は梁要素，床スラブは板要素によりそれぞれモデル化したのち重ね合わせる方法などがある．梁要素と板要素はコンクリートと鉄筋・鋼板を別の要素として板厚方向に積層化してモデル化することや，等価な均質材料としてモデル化することもできる．なお，木造の床については，構成部材が多いことや材料が均質でないこと，各種接合部の構造特性や境界条件に不明確な部分が多いことなどから，これらを踏まえて振動解析モデルの作成を行う必要がある．

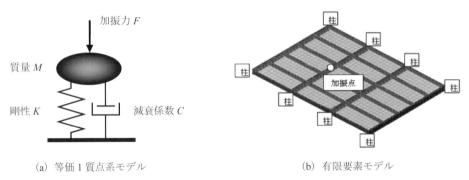

（a）等価1質点系モデル　　　　　（b）有限要素モデル

図 3.6　振動解析モデル

c. 解析方法

　床の鉛直振動を予測するには，非定常的な振動の扱い方と最大応答加速度の合理的評価に留意する必要がある．さらに，自然振動源や外部人工振動源に対する応答予測との相互関連性についても配慮する必要がある．

(1) 非定常的な振動の応答予測

　構造設計においては，外力に対する架構の最大応答値に着目して部材の断面設計が行われる．風に対する応答予測においては，すでに第2章で示したように，架構の応答を線形挙動かつ定常過程とみなせるため，応答解析法として周波数領域におけるスペクトルモーダル法がよく用いられる．スペクトルモーダル法では応答の rms 値を求めたのち，ピークファクタを乗じて最大応答加速度を予測する．並進2成分とねじりの1次モードのみを対象とした簡易予測法がよく用いられているが，モード合成法により高次モードの影響を考慮することもできる．さらに，変動風力の時刻歴を入力として最大応答加速度を直接予測する方法も用いられる．

　しかし，内部人工振動源に対する床応答のように，非定常性が大きくなると，もはや定常過程を扱うスペクトルモーダル法により架構の最大応答を予測することはできなくなる．非定常応答を対象とするもっともよい例は，地震応答解析である．地震に対する架構の応答は線形挙動であっても非線形挙動であっても非定常過程になるため，耐震設計においてはもっぱら時刻歴応答解析が用いられる．非定常性の影響が重要になる内部人工振動源に対する予測解析におい

ても，基本的には時刻歴応答解析を用いることが適当である．

(2) 最大応答加速度の合理的評価

　定常過程を扱うスペクトルモーダル解析においても，非定常過程を扱う時刻歴応答解析においても，架構の最大応答加速度を予測するうえで重要なパラメータは固有振動数と減衰比である．外力の振動数と床スラブの振動数が一致する共振現象が生じると，架構の応答は大きく増幅する．床スラブの減衰比は一般に極めて小さいので，増幅の程度は顕著になる．1/3 オクターブバンド分析を用いて最大応答加速度を算定する場合において，たとえば隣り合う 1/3 オクターブバンドの中心周波数の中間に床スラブの固有振動数があると，最大応答加速度の予測結果を小さく評価してしまう．このような場合，従来は両隣に分散した応答値をエネルギー合成するなどの方法が用いられていたが，周波数領域における評価点のバンド幅が粗い 1/3 オクターブバンド分析は，最大応答加速度を予測する環境振動設計においては使用しない方が賢明である．

　時刻歴応答解析では，対象とする架構あるいは部材の固有振動数よりも十分に細かな時間刻みを用いることにより，共振現象を合理的に評価した予測を行うことができる．共振現象を適切に評価しているかどうかは，フーリエ変換などを用いて確認することができる．

(3) 非定常応答の簡易予測法

　耐震設計で最もよく用いられる方法が応答スペクトル法である．応答スペクトルは設定した入力地震動に対して，架構の固有振動数と減衰比のさまざまな組合せに対して時刻歴応答解析を行い，それぞれの最大応答値を整理したものである．非定常性や非線形性の影響は，結果として得られる応答スペクトルの中に埋め込まれている．すでに述べたように，風に対する応答予測では，定常過程を扱うスペクトルモーダル法を簡略化した簡易予測法がよく用いられているが，非定常過程となる内部人工振動源に対しては，時刻歴応答解析をベースとした応答スペクトル法を簡略化した簡易予測法を用いる必要がある．

　床スラブの鉛直振動の簡易振動解析モデルは，等価 1 質点系モデルの時刻歴応答解析により最大応答加速度を予測するために用いられる．この応答解析法を簡易予測法として位置づける．ただし，モーターなどのように，床応答が定常過程とみなせる場合は，スペクトルモーダル法に基づく簡易予測法を用いてもよい．

　簡易予測法を用いる場合，1 次モードしか対象にできないという適用範囲の限界がある．床スラブの形状や境界条件が複雑になり，1 質点系モデルでは十分に床振動を再現できない場合は，高次モードの寄与を評価できる有限要素モデルを用いることができる．また，異なるスパンや異なる階で発生した振動が評価点に与える影響を考慮して設計する必要がある場合は，加振源と評価点の間の振動伝搬特性を適切に評価しうる有限要素モデルや立体骨組モデルを用いることができる．

d. 解析に用いる諸定数

　建築物の環境振動を評価するには，振動伝搬経路の振動解析モデルを作成する必要がある．そのモデルは，質量，剛性，減衰係数で構成され，この組合せから決定される固有振動数，減衰比によって応答値が変化する．そのため，いかなる振動解析モデルにおいても，質量，剛性，減衰係数の設定が不可欠である．

　以下に，これら 3 つの設定をするうえで留意すべき事項を記載する．

(1) 荷重条件の設定

　床の質量は，主に床に作用する固定荷重と積載荷重に基づいて設定する．固定荷重については，構造設計時に床に設定したものを基本的にはそのまま採用すればよい．積載荷重については，地震用積載荷重を用いることが多いが，構造設計では安全側に設定することもあり，実際の室の利用状況と比較すると地震用積載荷重でも大きな数値となる場合がある．そのため，地震用積載荷重をある割合で低減させることも行われているが，どの程度低減させるかは，設計者の判断に委ねられており，解析を複数パターン検証できるのであれば，地震用積載荷重の 0%，50%，100%などと段階的に検討する方法を採用することも考えられる．

　設計者によっては，床の固有振動数が低くなるよう床荷重を大きめに設定する場合も多いが，この場合は床の重量に対する加振力が相対的に小さくなり，結果として応答加速度が小さく算定されることもあるため，注意が必要である．

(2) 固有振動数の計算

　建築物を構成する部材には固有の卓越振動数があり，振動解析モデルの自由度数だけ固有振動数がある．固有振動数を解析的に求める手法には固有値解析があり，振動解析モデルを用いて固有振動数や固有ベクトル（刺激関数）が得られる．この解析では外力は関与せず，非減衰自由振動が解かれる．

　梁の固有振動数については理論式や Geiger の重力式を用いて，また，床の固有振動数については，周辺単純支持や周辺固定支持の条件下における計算式により，固有値解析を実施しなくても概算の固有振動数を得ることができる．

(3) 減衰比の設定

　減衰比は，その数値の大小が応答加速度に与える影響が大きく，とくに注意して設定する必要がある．文献[9]によると，「最終的な床の減衰定数（減衰比）をコントロールできない状況では，S 造では 2%以下，（中略）RC 造については 3%以下とするのが望ましい」とあり，構造設計において時刻歴応答解析を実施する場合に設定する減衰比と同等である．ただし，仕上げがない，間仕切壁が極端に少ない，などの場合には 1%以下となる場合もあるため，応答加速度を算定する部屋の用途や仕上げ，間仕切壁の状況などを建築図面から判断したうえで減衰比を適切に決める必要がある．

　なお，構造設計において時刻歴応答解析を実施する場合，減衰の評価方法には剛性比例型減衰を用いている．しかし，環境振動設計においては，剛性比例型減衰で採用すると高次モードの減衰を大きく評価しすぎてしまうため，全モード一律の減衰を仮定することが多い．

　なお，減衰比の大きさは，振動解析モデルにおけるモデル化範囲の影響を受けることに留意する．モデル化する対象範囲が異なることによる有効質量の違いや境界条件の設定の違いから，その範囲に応じた減衰比を設定する必要がある．一般的には，モデル化の範囲が大きくなれば，減衰比を小さく設定する．

　また，床振動を制御する目的で制振装置を追加する場合は，付加する減衰比を決定するためにも，床の減衰比を適切に設定しておく必要がある．

3.3.6　有効応答加速度の算定

　評価規準では，非定常的な鉛直振動の場合，継続時間 T に対して加速度振幅の低減率 A^*/A を乗じることで加速度振幅を低減する方法が示されている．設計ではこれを応答低減係数 μ と定義して採用し，継続時間 T に対して応答低減係数 μ を算定したのちに，算定した加速度時刻歴（もしくは最大応答加速度 A）に乗じることで設計用の応答加速度（有効応答加速度 A^*）が算定できる．継続時間 T の算定方法は，評価規準による方法のほか，歩行振動であれば安全側の方法として，対象とする床スラブを通過する時間全域を採用する方法もある．

3.3.7　目標性能の確認（性能グレードの評価と確認）

　性能マトリクスとの照合では，原則として最大応答加速度に応答低減係数 μ を乗じた有効応答加速度を用いて行う．入力レベルと評価レベルとの関係から，有効応答加速度を設計クライテリアと比較して性能グレードを評価する．

　建築主と合意したすべての入力レベルに対して，性能グレードが目標性能を充足することを確認できれば，環境振動設計は完了となる．目標性能を充足しない場合には，スラブ厚や構造部材断面の変更により質量，剛性を変化させたり，制振部材や制振装置による減衰を付与したりするなど，構造計画，構造設計を見直したうえで，再度応答値を算定して目標性能を充足することを確認する．場合によっては，目標とする性能グレードを見直し，改めて建築主との合意形成を図ることも考える．

3.3.8　計測による性能確認

　応答予測を実施し，性能グレードの評価が目標性能を充足することを確認した後，竣工時に設計モデルの妥当性を確認するために周囲振動に対する振動計測を行う．このとき，歩行振動の検討において確認すべき設計パラメータとして，計測により大梁や床の固有振動数と減衰比を推定し，解析条件の妥当性を確認することは重要である．ただし，計測値としての固有振動数と減衰比は，必ずしも設計値と正確に一致している必要はない．応答予測が目標性能を充たすように，固有振動数はばらつきを考慮した範囲以内であること，減衰比は設計値と同程度以上であることを確認すればよい．なお，3.3.5 項で述べたように，減衰比の大きさは予測時に用いた振動解析モデルのモデル化範囲の影響を受け

るため，計測した減衰比が振動解析モデルに設定した減衰比とどう対応するのかに注意する必要がある．

3.4　歩行振動に対する設計例

具体的な設計例を基に設計フローを確認する．なお，詳細な計算過程の説明は省略する．

3.4.1　等価1質点系モデルを用いた中規模事務所ビルの設計例

a.　対象建築物概要

対象とする建築物は，図 3.7 に示す鉄骨造 5 階建て，建築物高さ 21m，延床面積が約 4700m² の標準的なグレードの片コア形式事務所ビルである．建築物の長辺方向の基準スパンは 7.2m，執務室のロングスパンは 18m である．例として 4 階の床に着目して設計を行う．

主要部材断面表

部位	断面形状
柱	C1 : □–550 × 550 × 22
	C2 : □–500 × 500 × 19
大梁	G1 : H–900 × 300 × 16 × 32
	G2 : H–700 × 300 × 14 × 28
	G3，G4 : H–700 × 250 × 14 × 22
小梁	sb1 : H–400 × 200 × 8 × 13
床	フラットデッキ：t=150mm

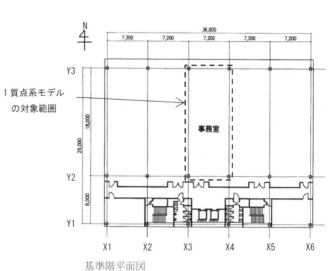

基準階平面図

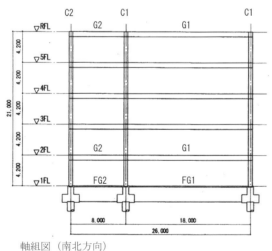

軸組図（南北方向）

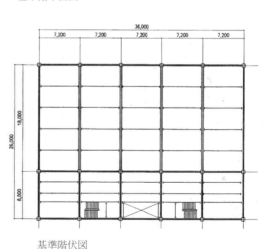

基準階伏図

図 3.7　建築物の条件図

b. 歩行振動の事前調査

表 3.2 に示す内部人工振動のチェックリストを用いて，事前調査を実施した結果を示す．

表 3.2　内部人工振動のチェックリスト

項目	チェック項目
建築概要	・規模：階数__5_階，最高高さ__21m，最大スパン__18m）
建築用途	☑事務所系 □住居系（住宅，集合住宅，ホテル，病院） □その他（不特定多数）
構造種別	□木造　☑S 造　□RC 造　□SRC 造　□その他（　　　　　）
床の仕様	□木造　□RC 造在来工法　☑RC 造型枠デッキ　□RC 造合成デッキ　□その他（　　　　　　）
振動源	☑歩行や小走り　□たてのり　□設備機器　□機械　□自動車　□家電　□その他（　　　　　）
振動伝搬経路	☑加振点≒受振点 □加振点≠受振点（加振点：_____，受振点：_____）

c. 建築主との合意

設計を行うにあたって，最初に建築主が要求した事項は次のとおりである．この要求事項から性能グレードを設定するために，性能マトリクスを用いて建築主との合意形成を行う．

・歩行振動に対して，床に特別高い性能は求めない
・一人歩行時に近傍にいる人が，振動を不快に思うようだと困る
・二人歩行の場合も，同じ性能グレードとなるよう検討してほしい
・執務室内を走る場合もありうるが，発生頻度としては多くなく，その対応のためのコストアップは不要
・多人数で歩くような状態は想定しなくてよい

なお，執務室内の什器配置計画から，歩行経路は対象範囲の短辺方向に歩く（走る）ものと考えて設計を行う．

以上の条件により，性能グレード 2（標準）を充足する設計を行う．合意形成に至った性能マトリクスを図 3.8 に示す．

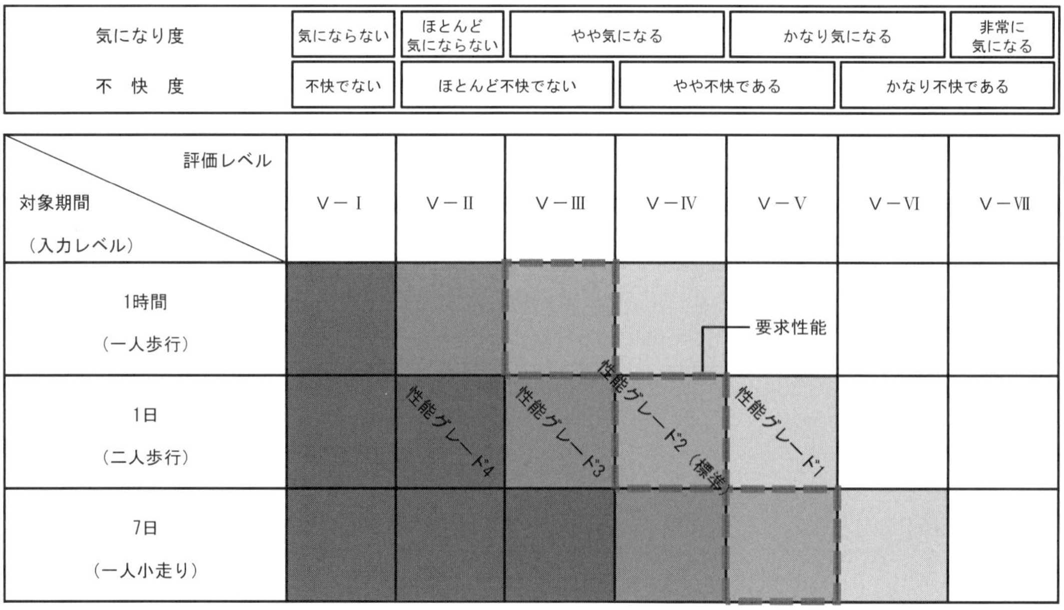

図 3.8　合意形成に至った性能マトリクス

d. 振動解析モデル

　設計対象の架構と床が整形であり，単純な構造であることと，建築主からの要求事項も複雑な要件が含まれていないことから，床の応答加速度の算定には，図 3.9 に示す等価 1 質点系モデルを用いる．振動解析モデルに設定する諸条件を以下に示す．

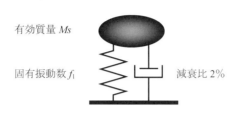

有効質量 Ms

固有振動数 f_1　　　減衰比 2%

図 3.9　等価 1 質点系モデル

(1)　解析条件

　1 質点系に置換する範囲：X3～X4 通り，Y2～Y3 通りの 1 スパン分の床を対象

　床に設定する荷重：非構造材の固定荷重＋積載荷重＝650＋400＝1050N/m²

　　　　（非構造材は床仕上げ，間仕切壁，下階の天井・設備ダクト等を含む，積載荷重は地震用を 50% 載荷）

　歩行者の体重：600N（一人）

　有効質量：M_s＝0.35×$M_床$＝25.1ton（有効質量比はスパン構成（スラブの辺長比）から文献[8]を参考に設定）

　減衰比：2%（鉄骨造，文献[9]を参考に設定）

　固有振動数：ロングスパン大梁（G1）のモードに支配されると考えて両端固定支持の条件より算定（f_1＝7.77Hz）

(2)　加振力

　図 3.9 の振動解析モデルに対して，文献[7]を参考に作成した図 3.10 に示す外力を載荷（床スラブ中央において足踏み加振としたものに相当）して時刻歴応答解析を行う．なお，入力する加振力は，歩行時は床の 1 次固有振動数に対する 4 倍調波で，小走り時は同様に 3 倍調波で共振するように調整している．また，二人歩行時は，図 3.10(a) の外力を $\sqrt{2}$ 倍して用いる．解析時間については，後述する継続時間 T を十分に包絡できる時間（歩数）を確保するよう設定している．なお，本例では床の 1 次固有振動数に対して外力の振動数の倍調波成分が共振するように作成しているが，必ずしもこれに拠る必要はなく，設計者の判断により，適切な外力を定めて計算を実施してよい．

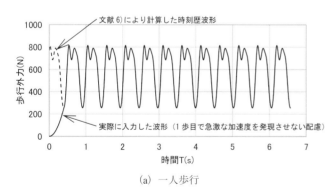

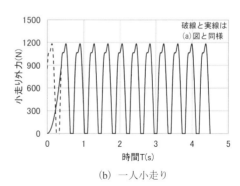

(a)　一人歩行　　　　　　　　　　　　　　　　(b)　一人小走り

図 3.10　設計に用いた加振力時刻歴

(3) 時刻歴応答解析

　前述した条件を基に時刻歴応答解析を実施し，得られた応答加速度のうち，例として一人歩行と一人小走りの加速度時刻歴を図3.11に示す．

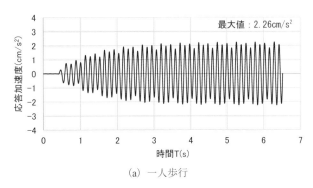

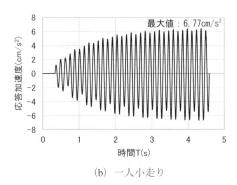

(a) 一人歩行　　　　　　　　　　　　　　　　(b) 一人小走り

図3.11　加速度時刻歴

(4) 応答予測

　歩行や小走りは非定常的な鉛直振動に分類され，この応答値を予測する場合，評価規準に倣うと継続時間 T に応じて加速度振幅を低減できる．加速度振幅の低減方法については，評価規準に記載された方法があるが，ここでは実務的に簡易に算定する方法（以下，簡易法という）として，文献[10]に紹介されている方法である対象床スラブを歩行している時間が，加速度振幅を低減する継続時間 T と同等であるものとして考える．

　以下に，スパンと歩幅，歩調から継続時間 T を算定した結果を示す．なお，歩幅については文献[7]を参考にして，身長170cm程度と考えた場合に「歩幅／身長」が実測結果の分布に対して平均的な数値を採用し，算出したものである．

　　・一人歩行時および二人歩行時
　　　　歩行距離＝短辺方向スパン 7.2m，歩幅＝70cm，歩調＝4 倍調／7.77Hz＝0.52s/歩
　　　　　⇒以上より，継続時間 $T=((7.2\times10^2)／70)\times0.52=11$ 歩×0.52＝5.72s

　　・一人小走り時
　　　　歩行距離＝短辺方向スパン 7.2m，歩幅＝93cm，歩調＝3 倍調／7.77Hz＝0.39s/歩
　　　　　⇒以上より，継続時間 $T=((7.2\times10^2)／93)\times0.39=8$ 歩×0.39＝3.12s

　上記の継続時間 T を，評価規準の振幅の低減率 A^*/A と継続時間 T の関係図にプロットしたものを図3.12に示す．なお，この振幅の低減率 A^*/A は，設計においては応答低減係数 μ と見なして採用する．

　有効応答加速度の算定結果を表3.3に示す．また，この結果を性能評価図にプロットした結果を図3.13に示す．

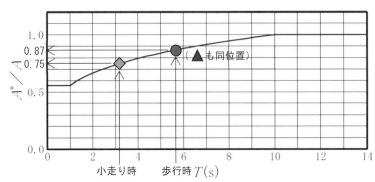

図3.12　応答低減係数 μ と継続時間 T の関係図

表 3.3　有効応答加速度の最大値

	人の動作		
	一人歩行	二人歩行	一人小走り
最大応答加速度 (cm/s²)	2.26	3.20	6.77
継続時間 T (s)	5.72	5.72	3.12
応答低減係数 μ	0.87	0.87	0.75
有効応答加速度 (cm/s²)	1.97	2.78	5.08

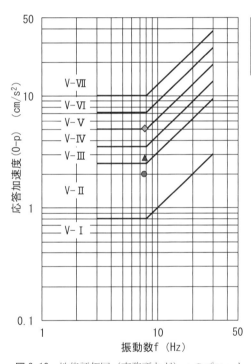

図 3.13　性能評価図（事務所など）へのプロット

　図 3.14 は，図 3.13 の結果を性能マトリクスにプロットしたものである．この結果，一人歩行および二人歩行については性能グレード 3 となり，目標とした性能グレード 2（標準）を充足している．また，一人小走りにおいては性能グレード 2（標準）であり，目標とした性能グレードとなった．建築主との合意形成においては，いずれの入力レベルにおいても性能グレード 2（標準）を目標としていたことから，建築主にはこの性能マトリクスを用いて説明し，本設計においては，設定した 3 つの入力レベルのうちで最も低い性能グレードである一人小走りで決定することとなり，対象とした床は性能グレード 2（標準）となることで建築主からも了承を得た．

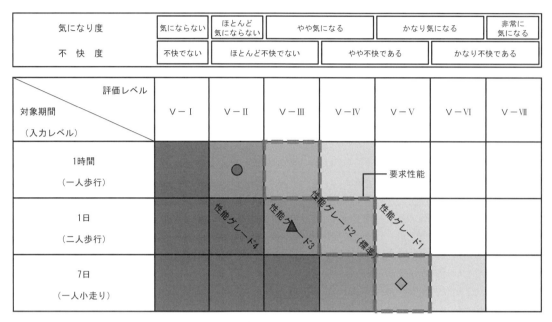

図 3.14　性能マトリクスへのプロット

3.4.2　有限要素モデルを用いた中規模事務所ビルの設計例

a. 追加要求事項に対する変更設計

　前項までにより，いったんは実施設計がまとまったものの，建築主より追加の要求事項があり，その他の設計変更も含めて以下の事項が追加され，修正設計を行うこととなったため，それらを盛り込んだ変更設計を実施する．

- ・さまざまなテナント要望に応えられるよう廊下側には重荷重対応エリア（HDZ）を設ける（図 3.15 網掛け部）
- ・4 階は 2 テナントの入居を想定しており，X3 通りには間仕切壁を設けることを想定する（図 3.15 破線部）
（この変更に伴い，設計では図 3.15 のように長辺方向に移動する歩行経路 2（長辺）を追加）
- ・HDZ 以外は型枠デッキ（150mm）から合成デッキ（75mm＋山上 90mm）へ変更する

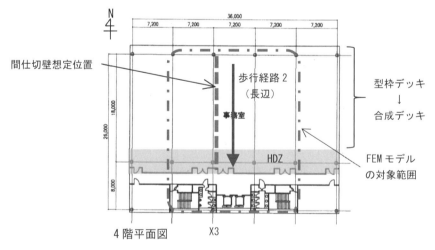

図 3.15　追加要求事項の概要

b. 歩行振動の事前調査

　再度，内部人工振動のチェックリストを作成する．変更点は，床スラブの工法と，振動伝搬経路の 2 点である（表3.4）．また，目標性能には変更がないため，性能グレード 2（標準）を目指すこととし，性能マトリクスは当初の設計で建築主と合意に至った図 3.8 を用いる．

表 3.4　内部人工振動のチェックリスト

項目	チェック項目
建築概要	・規模：階数__5 階__，最高高さ__21m__，最大スパン__18m__
建築用途	☑事務所系 □住居系（住宅，集合住宅，ホテル，病院） □その他（不特定多数）
構造種別	□木造　☑S 造　□RC 造　□SRC 造　□その他（　　　　　）
床の仕様	□木造　□RC 造在来工法　☑RC 造型枠デッキ　☑RC 造合成デッキ　□その他（　　　　　）
振動源	☑歩行や小走り　□たてのり　□設備機器　□機械　□自動車　□家電　□その他（　　　　　）
振動伝搬経路	□加振点≒受振点 ☑加振点≠受振点（加振点：4 階執務室　移動加振，受振点：4 階執務室　スラブ中央）

c. 振動解析モデル

　当初実施していた等価 1 質点系モデルでは，上記の追加事項を反映させた設計を実施することは困難であると考え，追加要求事項を含めた床の応答加速度の算定には，図 3.16(a)に示す有限要素モデルを用いることとする．解析条件を以下に示す．

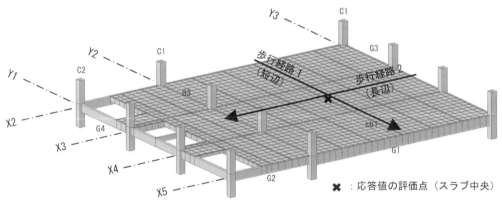

(a) 有限要素モデル

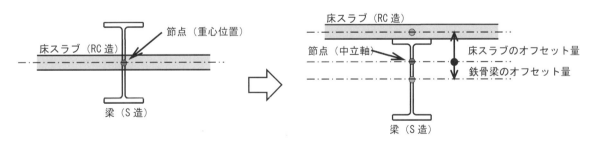

(b) 床スラブによる梁の剛性評価イメージ

図 3.16　有限要素モデル

(1) 解析条件

　FEM モデルに置換する範囲：X2〜X5 通り，Y1〜Y3 通りの柱，梁，床スラブを対象

　床に設定する荷重：一般部　非構造材の固定荷重＋積載荷重＝650＋400＝1050N/m²

　　　　　　　　　　HDZ 部　非構造材の固定荷重＋積載荷重＝650＋650＝1300N/m²

　　　（非構造材は，床仕上げ，間仕切壁，下階の天井・設備ダクト等を含む，積載荷重は地震用を 50％載荷）

歩行者の体重：600N（一人）

減衰比：2％（鉄骨造：全モード一律減衰を採用）

要素モデル：柱，梁はビーム要素，床スラブは板要素でモデル化

境界条件：柱の中央部をピン支持，X2およびX5通りのスラブ連続端は回転拘束

剛性評価：床スラブによる梁の剛性増大率は，合成梁としての中立軸に対して梁（ビーム要素）とスラブ（板要素）
　　　　　をそれぞれオフセットすることで評価（図3.16(b)を参照）

応答解析：モード重ね合わせ法による時刻歴応答解析

(2) 固有値解析

図3.17に固有値解析を実施した1次モード形を示す．なお，1次固有振動数はf_1＝7.23Hzである．

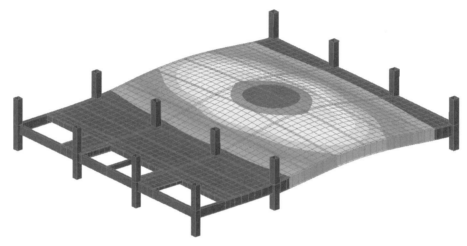

図3.17　1次固有モード形　（f_1＝7.23Hz）

(3) 加振力

図3.16の振動解析モデルに短辺方向の歩行経路1と長辺方向の歩行経路2を設定し，それぞれ図3.18に示す加振力[11]を歩調に応じて時刻をずらしながら，かつ節点を移動させながら載荷して時刻歴応答解析を行う．なお，入力する加振力は，歩行時は床の1次固有振動数に対する4倍調波で，小走り時は同様に3倍調波で共振するように調整している．また，二人歩行時は，図3.18(a)の外力を$\sqrt{2}$倍して用いる．なお，本例では床の1次固有振動数に対して外力の振動数の倍調波成分が共振するように作成しているが，必ずしもこれに拠る必要はなく，設計者の判断により，適切な外力を定めて計算を実施してよい．

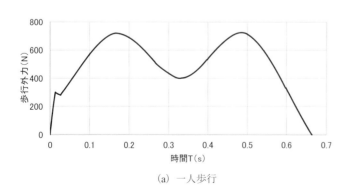

（a）一人歩行　　　　　　　　　　　　　　（b）一人小走り

図3.18　一歩あたりの加振力時刻歴

(4) 時刻歴応答解析

　前述した条件を基に時刻歴応答解析を実施し，スラブ中央（図 3.16 の評価点）で得られた応答加速度のうち，例として一人歩行（歩行経路 1：短辺）と一人小走り（歩行経路 1：短辺）の加速度時刻歴を図 3.19 に示す．

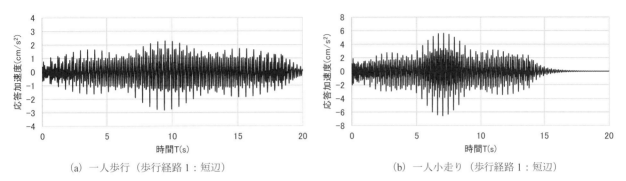

(a) 一人歩行（歩行経路 1：短辺）　　　　　　　　　(b) 一人小走り（歩行経路 1：短辺）

図 3.19　加速度時刻歴

(5) 応答予測

　当初の設計時と同様に，簡易法により継続時間 T を算定した結果を示す．

- 一人歩行時および二人歩行時　歩行経路 1：短辺の場合
　　歩行距離＝短辺方向スパン 7.2m，歩幅＝70cm，歩調＝4 倍調／7.23Hz＝0.55s/歩
　　　⇒以上より，継続時間 T＝（（7.2×10^2）／70）×0.55＝11 歩×0.55＝6.05s
- 一人小走り時　歩行経路 1：短辺の場合
　　歩行距離＝短辺方向スパン 7.2m，歩幅＝93cm，歩調＝3 倍調／7.23Hz＝0.41s/歩
　　　⇒以上より，継続時間 T＝（（7.2×10^2）／93）×0.41＝8 歩×0.41＝3.28s
- 一人歩行時および二人歩行時　歩行経路 2：長辺の場合
　　歩行距離＝長辺方向スパン 18.0m，歩幅＝70cm，歩調＝4 倍調／7.23Hz＝0.55s/歩
　　　⇒以上より，継続時間 T＝（（18.0×10^2）／70）×0.55＝26 歩×0.55＝14.3s
- 一人小走り時　歩行経路 2：長辺の場合
　　歩行距離＝長辺方向スパン 18.0m，歩幅＝93cm，歩調＝3 倍調／7.23Hz＝0.41s/歩
　　　⇒以上より，継続時間 T＝（（18.0×10^2）／93）×0.41＝20 歩×0.41＝8.20s

　上記の継続時間 T を，評価規準の振幅の低減率 A^*/A と継続時間 T の関係図にプロットしたものを図 3.20 に示す．なお，この振幅の低減率 A^*/A は，設計においては応答低減係数 μ と見なして採用する．

　有効応答加速度の算定結果を表 3.5 に示す．また，人の動作ごとの最大有効応答加速度（表 3.5 中の網掛け部）を性能評価図にプロットした結果を図 3.21 に示す．

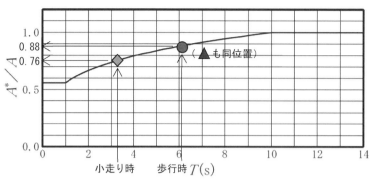

(a) 歩行経路 1 （短辺）

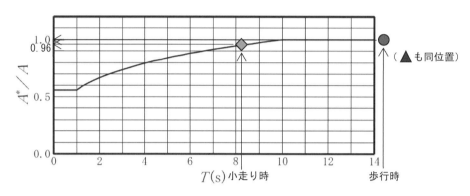

(b) 歩行経路 2 （長辺）

図 3.20　応答低減係数 μ と継続時間 T の関係図

表 3.5　有効応答加速度の最大値（簡易法）

	歩行経路 1 （短辺）			歩行経路 2 （長辺）		
	一人歩行	二人歩行	一人小走り	一人歩行	二人歩行	一人小走り
最大応答加速度 (cm/s²)	2.81	3.98	6.56	2.79	3.95	6.39
継続時間 T (s)	6.05	6.05	3.28	14.3	14.3	8.20
応答低減係数 μ	0.88	0.88	0.76	1.00	1.00	0.96
有効応答加速度 (cm/s²)	2.48	3.51	4.99	2.79	3.95	6.14

※網掛け部は 2 つの歩行経路のうち，設計に用いた最大値を示す

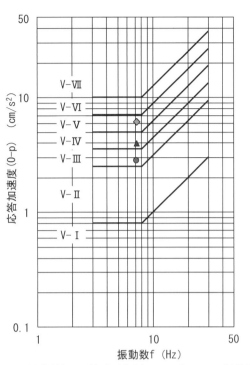

図 3.21　性能評価図（事務所など）へのプロット（簡易法）

　図 3.22 は，図 3.21 の結果を性能マトリクスにプロットしたものである．この結果，一人歩行，二人歩行，一人小走りのいずれにおいても目標とした性能グレード 2（標準）を充足している．建築主との合意形成においては，すべての入力レベルにおいて性能グレード 2（標準）を目標としていたことから，建築主にはこの性能マトリクスを用いて説明し，対象とした床は性能グレード 2（標準）となることで建築主からも最終的な了承を得た．

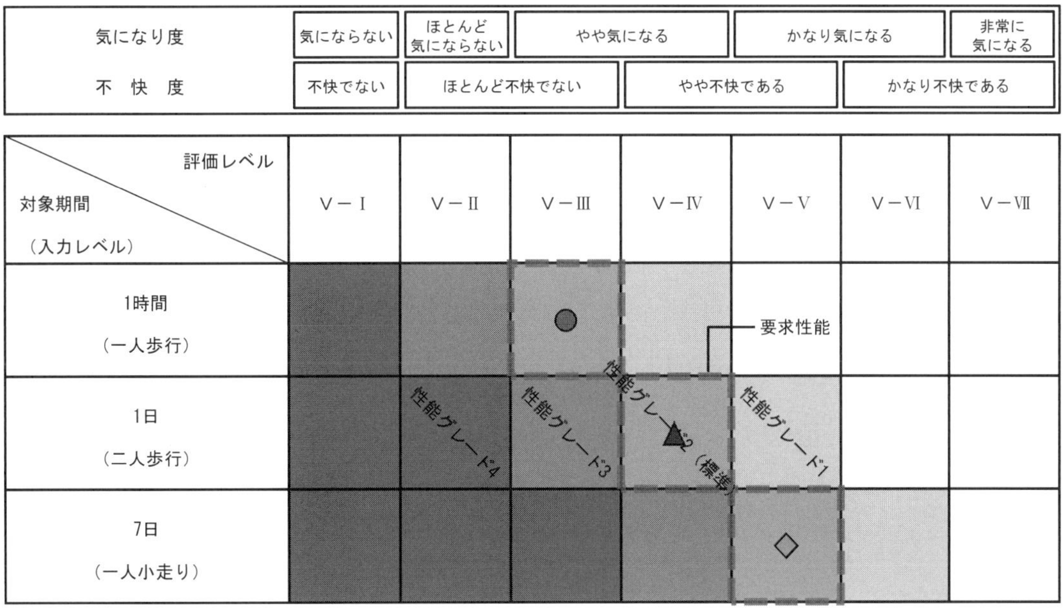

気になり度	気にならない	ほとんど 気にならない	やや気になる		かなり気になる		非常に 気になる
不 快 度	不快でない	ほとんど不快でない		やや不快である		かなり不快である	

対象期間 （入力レベル） ＼ 評価レベル	V－I	V－II	V－III	V－IV	V－V	V－VI	V－VII
1時間 （一人歩行）			●	要求性能			
1日 （二人歩行）	性能グレード4	性能グレード3	性能グレード2（標準）	▲	性能グレード1		
7日 （一人小走り）					◇		

図 3.22　性能マトリクスへのプロット（簡易法）

(6) 確認計測

　建築物の竣工時に確認計測を行い，対象とした床スラブの1次固有振動数が設計値の一定幅以内（例：性能グレードに変化がない程度，パラメータスタディの範囲以内），減衰比が設計値程度以上（本例では2%程度以上）に納まっていることを確認する．

　本設計例では，環境振動設計は以上で完了となるが，詳細な検討を実施してもなお目標とする性能グレードを充足していない場合には，架構の断面性能を変更するか，床用TMDなどの制振装置の採用を検討する必要があり，コストや効果を見える形にしたうえで，再度建築主と合意形成を行い，環境振動設計を実施する．

(7) 評価規準の方法による加速度振幅の低減

　本設計例においては，簡易法によって継続時間 T を算定し，加速度振幅を低減する方法を採用したが，ここでは参考として評価規準の方法により継続時間 T を算定し，加速度振幅を低減する方法（以下，詳細法という）を示す．

　図3.23には，評価規準に示されている時間効果による低減率 $A*/A$ の計算に必要な時定数10msの振動レベル（以下，VL_{10ms} という）の時刻歴について，例として一人歩行（歩行経路1：短辺）と一人小走り（歩行経路1：短辺）の結果を示す．

　この結果から，VL_{10ms} が55dBを超える継続時間 T は一人歩行で0.29sであり，継続時間 T が1.0s未満であることから，応答低減係数 μ は一定値（＝0.57）となる．また，一人小走りの場合は，VL_{10ms} が55dBを超える継続時間 T が3.98sとなり，応答低減係数 μ は0.79となる．他のケースも同様に算定し，有効応答加速度を算定した結果を表3.6に示す．簡易法と同様に，人の動作ごとの最大有効応答加速度（表3.6中の網掛け部）を性能評価図にプロットした結果を図3.24に示す．図3.25は，図3.24の結果を性能マトリクスにプロットしたものである．このように，評価規準を用いて詳細に算定することが可能であれば，簡易法によって算定した有効応答加速度よりも小さな数値として評価できる場合がある．

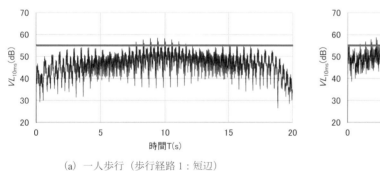

(a) 一人歩行（歩行経路1：短辺）

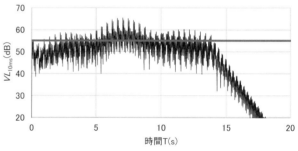

(b) 一人小走り（歩行経路1：短辺）

図3.23　VL_{10ms} 時刻歴

表3.6　有効応答加速度の最大値（詳細法）

	歩行経路1（短辺）			歩行経路2（長辺）		
	一人歩行	二人歩行	一人小走り	一人歩行	二人歩行	一人小走り
最大応答加速度 (cm/s²)	2.81	3.98	6.56	2.79	3.95	6.39
継続時間 T (s)	0.29	2.20	3.98	0.48	2.22	5.31
応答低減係数 μ	0.57	0.68	0.79	0.57	0.69	0.85
有効応答加速度 (cm/s²)	1.60	2.71	5.18	1.59	2.73	5.43

※網掛け部は2つの歩行経路のうち，設計に用いた最大値を示す

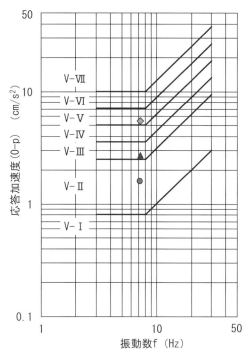

凡例：　●：一人歩行
　　　　▲：二人歩行
　　　　◆：一人小走り

図 3.24　性能評価図（事務所など）へのプロット（詳細法）

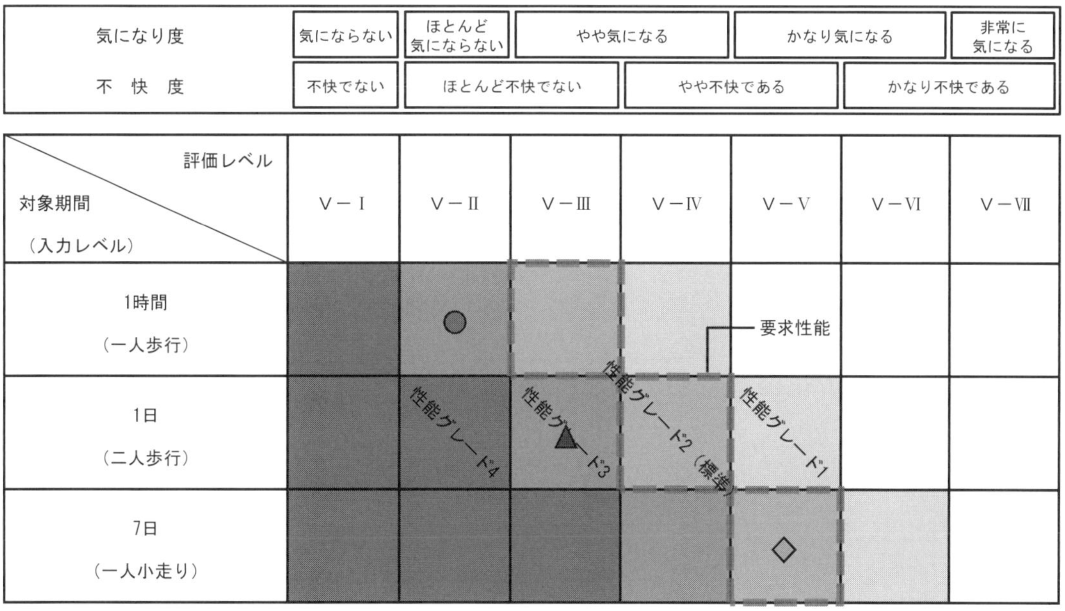

気になり度	気にならない	ほとんど気にならない	やや気になる		かなり気になる		非常に気になる
不　快　度	不快でない	ほとんど不快でない		やや不快である		かなり不快である	

対象期間（入力レベル） ＼ 評価レベル	V－I	V－II	V－III	V－IV	V－V	V－VI	V－VII
1時間（一人歩行）		●			要求性能		
1日（二人歩行）		性能グレード4	性能グレード3 ▲	性能グレード2（振歩）	性能グレード1		
7日（一人小走り）					◇		

図 3.25　性能マトリクスへのプロット（詳細法）

3.5　その他の内部人工振動に対する考え方

3.5.1　概　　要

　3.1 節で示したように，内部人工振動源の種類や大きさは多岐にわたる．また，前節までは歩行振動についての性能マトリクスや設計フローを示し，具体的な例題を用いた設計方法について記述した．

　本節では，歩行振動以外の内部人工振動に対する考え方を述べる．なお，基本的には 3.3.4 項に示した入力レベルについて，振動源ごとに設定する必要がある（性能マトリクスの縦軸に設定する入力レベルが異なる）ものの，それ以外については，設計フロー（図 3.5）には変更がないため，設計方法そのものは 3.3 節によることができる．そのため，ここでは性能マトリクスの縦軸に設定する入力レベルの考え方について主に述べる．また，各振動源の入力レベルの設定例は文献 [10] が参考になる．

　なお，いずれの振動源においても，その振動が非定常的なものである場合には，継続時間 T による加速度振幅の低減を考慮して有効応答加速度を算定する．

3.5.2　歩行以外の人間動作（たてのり）

　比較的大きな入力レベル（加振力）が生じる「人の運動による加振力」そのものが，床の安全性に直接影響を及ぼすことはない．しかし，エアロビクスやコンサートにおける「たてのり」などに代表される振動で，加振パターンが同じリズムで繰り返しの動作による荷重の変動があるような場合は，運動中の施設利用者には感じられなくても，隣接する室や上下階の室に伝搬する振動により，居住性能が低下する場合がある．多くの場合，発生する入力レベルは，歩行振動と同じく時刻歴動荷重（＝体重＋加振力）である．

　入力レベルは，体重のほかに，運動する人数とその同調率により大きさの程度に差が発生しやすい．入力レベルの設定方法については，文献 [7, 12] などが参考になる．

3.5.3　設　備　機　器

　近年では，より良い居住環境が要求されるとともに建築物の設計時点あるいは建築中の段階で，設備機器による固体音や振動の影響を予測することを求められることがある．これらの予測計算のためには，機械の加振力および機械が設置されている床の振動特性を把握することが必要である．

　現在では設備機器側にて振動対策を実施することが一般的となっているものの，床と共振することにより振動の増幅が懸念される場合などには，環境振動設計を行うこととなる．機械の加振力については，送風機などの汎用空調設備機器の加振力資料は比較的入手可能であるが，特殊で大型設備機器の加振力資料はほとんどないのが現状である．

　そのため，設備機器に対する環境振動設計を行うためには，まず必要となる加振力を実測したり，類似機器の加振力から推定したりする必要がある．

　また，設備機器による振動は一般的に定常的な振動である場合が多く，このような場合には，継続時間 T による加速度振幅の低減は考慮できない．

3.5.4　自動車駐車場

a.　機械式立体駐車場

　建築物の地下空間を利用することや，高層建築物の中央吹抜け部を利用して機械式立体駐車場を設置する場合があり，さまざまな形式の機械式立体駐車場が開発されている．建築物内設置の場合に振動問題が懸念されるのは，循環式やシャトル式といったものであり，多くはリフト部やパレット移動に伴う振動が，機械と架構を緊結していることにより伝搬することで隣接する室や上下階の室の居住性能が低下する．加振力に関する資料はほとんどないため，類似のタイプを設置している建築物等で機械式駐車場を実測することにより加振力を推定する必要がある．

b.　自走式立体駐車場

　近年では，敷地上の制約等から自走式立体駐車場とその他の用途を複合させた建築物もあり，自動車自体が走行することにより発生する振動が架構を伝搬することで，その他の用途への居住性能が低下する事象もある．

自動車が建築物内を低速で走行する際の加振力に関する資料はほとんどないため，自走式立体駐車場にて実測することで加振力を推定する必要がある．加振力の特徴としては，平坦部走行振動源，段差部走行振動源等が挙げられる．

3.5.5　家 電 製 品

家電製品の多くは，その動力源としてモーターが内蔵されており，このモーターが振動源となってその室や隣接する室に架構を通じて振動が伝搬する．代表例としては，洗濯機や冷蔵庫，扇風機，エアコン（室外機），IT 機器などが該当する．

これらの中でも，とくに大きな加振力を有する洗濯機を例にして，以下に考え方を概説する．

主に戸建て住宅や集合住宅の居室に設置される小型の洗濯機や，ホテルやランドリーなどに設置される比較的大型の洗濯機などにおける建築物内での振動障害は，洗濯槽内の洗濯物と水の合計質量によってドラムの安定回転数に至る時間の長さ（共振周波数領域の通過時間）で決まることが多い．この原因は，洗濯機本体の振動ではなく，回転数が安定するまでの，ある回転数帯域にて設置場所（床，ベランダ等）との共振による振動増幅が発生するためであり，他の居室においても振動が発生する可能性がある．共振時の振動モデルは歩行振動と同じく等価 1 質点系モデルで表され，加振力がわかれば，応答解析も固定振動源と考えた場合の歩行振動と同様に計算できる．

このようにある回転数帯域での共振が問題となる場合には，その振動が非定常的であると見なせる場合もあり，そのような場合には，継続時間 T による加速度振幅の低減を考慮して有効応答加速度を算定する．一般的には，居室における床の 1 次固有振動数は 10〜25Hz になることが多いことから，洗濯機の加振振動数（15〜17Hz）に近付くと，共振による振動増幅が発生する可能性が高い．

一般的な生活家電製品としての洗濯機に関する諸元は，以下のとおりである．

（洗濯物+水）の質量 m：通常 5〜10kg

回転数 r：900〜1000rpm　　　加振振動数 f_0：15〜17Hz

3.6　内部人工振動源の環境振動設計に関する現状と課題

3.6.1　入力波形の設定

歩行振動に対する環境振動設計を行う場合，その時刻歴波形については，いくつかの種類が提案されているものの，統一されたものはなく，入力する波形の作成方法はさまざまである．そのため，現状は設計者が適宜判断して入力波形を設定している．また，設定にあたって最大荷重を決定する要因となる歩行者の体重についても，慣例的に 600N（体重約 60kg）が用いられているが，この体重の設定次第で応答値は大きく変わる．この結果，設計者によって結果に差異が生じている．

歩行振動以外の内部振動源に関しては，前節でも示したように簡単に加振力を作成できるだけのデータは存在していないものが多い．とくに周波数特性が反映された時刻歴波形については，公開されたものはなく，設計者は類似事例での現地実測を実施したり，入力波形を設定するための調査や設計スケジュールの調整，費用の確保などに苦慮することになりかねない．

本章においては，いずれの加振力に対しても入力波形そのものの指定はしておらず，設計者の判断に委ねているため，今後多くの研究成果が蓄積され，適切な入力波形の設定が可能となることに期待したい．

3.6.2　振動解析モデルの精度

内部人工振動源に対する設計を行う場合，自然振動源の全体架構モデルや外部人工振動源の地盤＋全体架構モデルとは異なり，発生する加振力が小さいため，ある部分を切り出した局所的な振動解析モデルを扱う場合が多い．また，減衰比も架構と比較して同等以下と小さいことから，解析条件のわずかな違いによって応答加速度が敏感に反応し，最大応答加速度に影響を及ぼす可能性がある．

そのため，設計時に仮定する条件の不確実性，応答解析の予測精度，振動解析モデルと実建築物の質量や剛性ならびに減衰の乖離度合いにも配慮する．しかしながら，それぞれのばらつき幅が定量的に評価された文献，研究例などはないため，設計者が考えうるばらつきを考慮したパラメータスタディを実施するなど，条件や規模，重要度などに応じて設計者が判断する必要がある．

3.6.3　今後の課題

歩行振動に対する設計体系は，比較的多くの設計者が実施していることもあり，いくつかの方法はあるものの，大まかな設計手法自体は確立されてきている．

歩行振動以外の内部人工振動に対する設計体系については，それらの設計そのものを実施する機会が多くなく，入力レベルの設定を含めて設計手法が確立されているとは言い難い．

本書「設計の手引き」では，設計における基本的な考え方を提示することを目的としている．設計者は，本章に記載のあるさまざまな留意点を設計者の判断により適切に組み合わせることで，合理的な設計を行う必要がある．その結果として，多くの研究成果・設計事例が蓄積されていくことで，設計手法が確立することに期待したい．

参 考 文 献

1) 阿部隆之，櫛田　裕，広松　猛，橋本嘉之，斉藤祐一：環境振動の予測と評価に関する研究，（その3）複数歩行振動のシミュレーション解析，日本建築学会大会学術講演梗概集（環境工学），pp.3-4，1986.7

2) 小湊正誉，中山昌尚，増田圭司：小走り動作による床スラブ振動のばらつき，複数人小走り動作による渡り廊下の振動，日本建築学会大会学術講演梗概集（環境工学Ⅰ），pp.367-368，2014.9

3) 橋本嘉之，木村榮一，中野時衛，中村喜久雄，柳井　正，櫛田　裕：大スパン床の防振構造設計，（その2）多人数加振時の床振動と居住性能評価，日本建築学会大会学術講演梗概集（構造Ⅰ），pp.1097-1098，1992.8

4) 日本建築学会：建築物の振動に関する居住性能評価規準・同解説，2018

5) 日本建築学会：建築物の振動に関する居住性能評価指針・同解説，2004

6) 日本建築学会：建築物荷重指針・同解説，2004

7) 日本建築学会：建築物荷重指針を活かす設計資料1，3章　積載荷重，pp.90-103，2016

8) 日本建築学会：鉄筋コンクリート構造計算規準・同解説，1988

9) 松永裕樹，近藤貴士，伊藤真二：構造物における床振動の減衰定数に関する検討，建築物の減衰と振動，－今どこまで解っているか，何が問題か－，日本建築学会 建築物の減衰機構とその性能評価小委員会，シンポジウム資料，pp.83-90，2017.9

10) 山中祐一：内部振動源（歩行など）に対する設計例，第37回環境振動シンポジウム 環境振動設計指針の策定に向けて，－設計と計測－，日本建築学会 環境振動運営委員会，シンポジウム資料，pp.33-51，2019.1

11) 日本建築学会：居住性能に関する環境振動評価の現状と規準，2000

12) 田中靖彦，出口清孝：エアロビクスに伴う床振動の予測に関する考察，日本建築学会環境系論文集，Vol.69，No.575，pp.7-14，2004.1

第4章　外部人工振動源に対する環境振動設計

4.1　基本的な考え方

　建築物外部の人工物を振動源とした外部人工振動源には道路交通振動，鉄道振動，工場振動を代表とするさまざまなものがある．

　環境振動設計では，建築物に作用する加振力を定量的に予測することが重要である．たとえば，道路交通振動の場合には，大型車両などの積載量，走行スピード，路面状況などが場所ごとで異なるため，加振力を定量的に予測することは難しい．

　外部人工振動源に対する環境振動設計では，自然振動源，内部人工振動源とは異なり，地盤振動の計測により得られた地盤加速度時刻歴を用いて，敷地内地盤の振動伝搬特性，基礎での入力損失，建築物内での増幅特性と減衰特性などを考慮し，受振点（建築物の床）での環境振動を評価する．

　以下に，外部人工振動源に対する環境振動設計の代表的な特徴を示す．
- 外部人工振動源に対する環境振動設計は，他の振動源に比べると，評価体系はあるものの，設計体系に相当するものがないため，その設計手法は全て設計者の工夫や経験に委ねられている．
- 建築物ごとに振動源の特徴や敷地の特性を考慮して，現地における事前の地盤振動の計測が必要となる．設計者には設計に適した振動計測の計画を策定する能力と振動計測の結果から設計に使用する外乱を選定・抽出し，設計用入力を策定する能力が求められる．
- 建築物に水平振動と鉛直振動が同時に作用するため，水平2成分と鉛直1成分の検討を行わなければならない．
- 道路交通振動のように振動源が移動する移動振動源と工場振動のように決まった場所から振動を発生する固定振動源があり，どの位置からどのような振動が伝搬してくるのかを見極める必要がある．
- 振動源から地盤，建築物基礎，全体架構，受振点（建築物の床）と振動伝搬経路が複雑であるため，内部人工振動源（歩行振動）のように建築物の一部分を取り出す部分的なモデルでなく，自然振動源（風振動）のように建築物全体をモデル化する必要がある．
- 対象建築物の敷地境界から地盤を介して建築物に振動が入力するため，建築物周辺の地盤における振動伝搬特性や建築物位置での「基礎−地盤系の相互作用」について評価する必要がある．
- 回転系設備機器に伴う工場振動や大型車両の交通量が極めて多い道路交通振動など，途切れなく連続的に発生する振動は"定常的な振動"とみなすことができる．一方，断続的・間欠的にそれらが発生する場合は"非定常的な振動"とみなすことができる．建築物周辺の環境を把握し，受振点で発生する振動の"定常性"あるいは"非定常性"を適切に判断する必要がある．

　なお，工事現場から発生する振動（以下，建設作業振動という）も地盤を通って伝搬される振動源となるが，設計段階に周辺で建設作業振動が発生していたとしても，工事完了とともに振動の発生源でなくなる場合が多い．このため，本書「設計の手引き」では，計画する建築物の建設後に振動源となりにくいと考え，建設作業振動は対象としていない．ただし，建設作業振動を考慮する際は道路交通振動，鉄道振動，工場振動を参考に設計することが可能である．

　図4.1に道路交通振動および鉄道振動の発生メカニズムを示す．外部人工振動源に対する環境振動設計では前述の特徴を考慮するために，「振動伝搬経路（地盤）」，「振動伝搬経路（建築物基礎）」，「振動伝搬経路（全体架構）」，「受振点（建築物の床）」の4つの特性を別々に解析した後，これらを順次つなぎ合わせて床の応答を算出する方法と，4つの特性をすべて考慮可能な大規模一体モデルを用いた解析から応答を算出する方法がある．実務設計では，効率の良い前者の方法を用いることが多い．

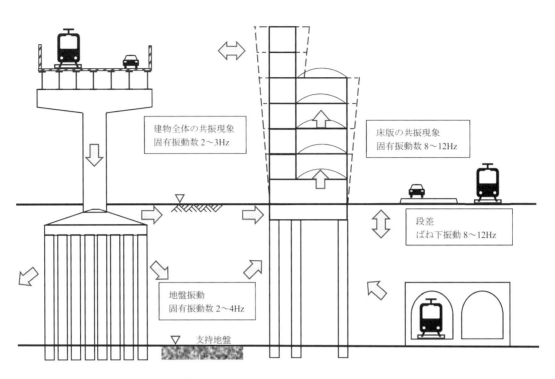

図 4.1　道路交通振動および鉄道振動の発生メカニズム

　図 4.2 に外部人工振動源における検討例を示す．ここでは，水平振動は同一階の揺れを一定として全体架構の等価 1 質点系モデル，鉛直振動は各階の揺れの増幅は小さく無視できるものとして床の平板モデルを用いている．振動源から受振点に至るまでの応答解析を，敷地境界の振動を入力として受振点まで考慮するルート 1，建築物近傍の振動を入力として受振点まで考慮するルート 2 が考えられる．いずれも水平振動と鉛直振動について，各振動伝搬経路における固有振動数と減衰比に着目して全体的あるいは局部的な共振現象に着目し，解析を実施する．

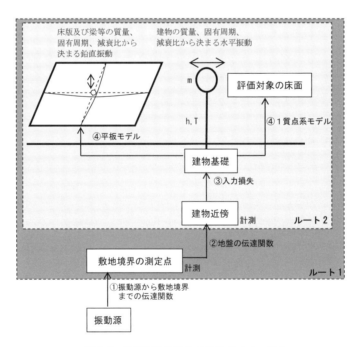

図 4.2　外部振動源における検討イメージ [1]

4.2　道路交通振動に対する性能マトリクス

4.2.1　道路交通振動に対する考え方

　図 4.3 に性能マトリクスの概念図を示す．縦軸は入力レベル，横軸は評価レベルであり，斜めの線は性能グレードを表している．ここで，環境振動設計では多様な振動源を扱うため，本書では，縦軸の入力レベルに対する共通概念として対象期間を導入し，対象期間と物理量を関係づけている．たとえば，風振動では対象期間 1 年，5 年，10 年，50 年に対する風速を入力レベルとし，歩行振動では 10 分，1 時間，1 日，7 日に 1 回などと，対象期間に対し，それぞれ一人歩行，二人歩行，一人小走り，多人数歩行を当てはめ，その加振力を入力レベルとしている．

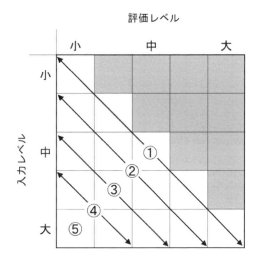

図 4.3　性能マトリクスの概念図

　風振動や歩行振動では，対象期間に応じた風速または加振力の大きさが，さまざまな文献で提案されているために，対象期間と物理量を関係づけることにより入力レベルの設定が可能である．

　道路交通振動は，入力物理量である地表面加速度の大きさが建設地の周辺環境や地盤条件に大きく依存するために一義的な入力レベルを設定することは難しく，さらに，対象期間の違い（たとえば 1 日と 7 日）による地表面加速度がどのように変化するかについて参考となる十分な報告は見当たらない．このため，道路交通振動に対する対象期間と入力レベルの関係は，対象建築物の周辺環境や地盤条件などを考慮したうえで建築物ごとに設定しなければならない．

　入力レベルの設定に基づき性能マトリクスを作成し，その設定も含めて目標とする性能グレードとともに，建築主と合意する必要がある．

4.2.2　対象期間と入力レベルの設定

　性能マトリクス作成に向けて，対象期間とその入力レベルの設定が必要となる．ここでは参考として，振動源となる道路の車両走行状況と，建設予定地の敷地境界で計測した鉛直振動の加速度時刻歴から，対象期間とその入力レベルを決定する例を示す．

　対象期間は，車両の走行状況より，朝夕での変動を含む 1 日，曜日による変動を考えた 1 週間，月 1 回程度の納品などによる大型車両の走行を想定した 30 日（1 か月），年末年始や引越しなど物流量が多くなる繁忙期による変動を想定した 365 日（1 年）を設定した．

　対象期間に対する入力レベルは，次のように設定した．はじめに，表 4.1 に示す地盤振動の計測で得られた 1 時間ごとの鉛直振動の地表面最大加速度をまとめ，さらに表 4.2 のように，各日の最大値と 8 日間の平均値を求めた．表 4.2 の 8 日間の最大値と平均値との比（最大値/平均値）が 1.4 倍であることから，1 日と 7 日の入力レベル比を 1.4 倍と設定し，情報がない 7 日と 30 日，30 日と 365 日の入力レベル比もそれぞれ 1.4 倍と仮定した．

　道路交通振動での地盤振動の計測は，建設地周辺の振動源の目視やヒアリングなどで 1 週間の中で交通量が多い曜

日と時間帯を確認し，その時間帯を1週間で最大の地盤振動が発生するとして，その時間帯を含む数時間に実施した．

対象期間に対する設計用入力は，地盤振動の計測において最大値を対象期間7日（1週間）の入力レベルとし，他の対象期間の入力レベルは表4.3に示す入力倍率を用いて設定した．

このとき，対象期間が長い30日，365日の入力レベルは，実際の状況に応じて設計者が適切に判断し設定することが好ましい．

ここでは，入力倍率は鉛直振動，水平振動，あるいは平面道路，高架道路などの構造にかかわらず共通の値と考えた．

表4.1 8日間の1時間ごとの鉛直振動の地表面最大加速度[1]　（振動源：平面道路／単位：cm/s^2）

	曜日	0時	1時	2時	3時	4時	5時	6時	7時	8時	9時	10時	11時	12時	13時	14時	15時	16時	17時	18時	19時	20時	21時	22時	23時
1日目	木															0.45	0.50	0.50	0.45	1.12	0.28	1.12	0.22	0.09	0.45
2日目	金	0.03	0.13	0.16	0.13	0.09	0.06	0.28	0.36	0.63	0.89	0.45	0.80	0.71	0.28	0.40	0.28	0.45	0.45	0.45	0.40	0.36	0.56	0.36	0.40
3日目	土	0.28	0.01	0.08	0.09	0.25	0.28	0.25	0.32	1.00	0.71	0.25	0.36	0.40	0.45	0.36	0.36	0.40	0.63	0.36	0.50	0.80	0.45	0.14	0.36
4日目	日	0.36	2.82	0.28	0.25	0.01	0.01	0.28	0.36	0.36	0.71	0.40	0.45	0.40	0.36	0.45	0.32	0.36	0.36	0.28	0.28	0.36	0.40	0.08	0.63
5日目	月	0.25	0.80	0.22	0.01	0.06	0.02	0.36	0.56	0.50	0.40	0.40	0.36	0.40	0.45	0.40	0.56	0.56	1.41	0.40	0.40	0.50	0.36	0.11	0.20
6日目	火	0.03	0.02	0.16	0.07	0.01	0.20	0.45	0.50	0.50	1.41	0.40	0.40	0.50	0.50	0.40	0.45	0.40	0.45	0.36	0.36	0.45	0.63	0.45	0.14
7日目	水	0.01	0.25	0.13	0.06	0.04	0.03	0.28	0.40	0.45	0.71	0.50	0.32	0.40	0.40	0.45	0.56	0.63	0.50	0.71	0.50	0.45	0.45	0.89	0.14
8日目	木	0.01	0.02	0.04	0.14	0.05	0.03	0.36	0.80	0.50	0.63														

表4.2 各日および8日間の地表面最大加速度と最大加速度平均値まとめ　（単位：cm/s^2）

各日	1日目	2日目	3日目	4日目	5日目	6日目	7日目	8日目	平均
	1.12	0.89	1.00	0.71	1.41	1.41	0.89	0.80	1.03

表4.3 入力倍率

対象期間	入力加速度（cm/s^2）	入力倍率
1日	0.7Amax	0.7
7日（1週間）	Amax（計測値）	1.0
30日（1ヵ月）	1.4Amax	1.4
365日（1年）	2.0Amax	2.0

4.2.3　道路交通振動に対する性能マトリクス

対象期間を4.2.2で設定した1日，7日，30日，365日とした場合の水平振動と鉛直振動の性能マトリクスの例を図4.4〜4.6に示す．

外部人工振動源は，自然振動源や内部人工振動源に比べて研究や評価実績が少なく，地盤振動に対して建物内で発生する振動を想定することが難しい．このため，ここで示した性能マトリクスでは，自然振動源および内部人工振動源より評価を厳しくし，住居系で水平振動および鉛直振動において，対象期間1日の気になり度を「ほとんど気にならない」，不快度を「ほとんど不快でない」となるH-ⅡおよびV-Ⅱ，7日で「やや気になる」「ほとんど不快でない」となるH-ⅢおよびV-Ⅲとなる斜めのラインを「標準グレード」の性能グレード2とし，その下に1グレード，上に2グレード設定した．

居住性能評価規準[2]では，水平振動に関しては，住居系，事務所系で利用者の評価には違いがないため，両者共通の

性能評価図が示されている．しかし，本書では，夜間に振動が気になることが多い住居系では，主に昼間に利用される事務所系よりも利用者の感じ方や評価が厳しいことを考慮し，住居系と事務所系で性能マトリクスを分けることとした．実際には，住居系の性能グレードを事務所系の性能グレードより左側へ1つ区分を移動させることにより，その違いを考慮した．

　鉛直振動は，住居系と事務所系で性能評価図が分かれており，それぞれの性能評価図により評価レベルを決定できるため，両者共通の性能マトリクスとした．

　図 4.4〜4.6 でもわかるように，住居系では，水平振動と鉛直振動で同じ性能グレードであれば評価レベルが同じであるが，事務所系では，性能グレードが同じでも水平振動と鉛直振動で評価レベルに違いがある．これは，水平振動と鉛直振動を同時に評価する外部人工振動源の特徴といえる．

　設計者は，建築物の建設予定地の振動源の状況を踏まえて対象期間を設定し，計測した地表面加速度時刻歴に基づき入力レベルを設定するなど，水平振動と鉛直振動それぞれに対して性能マトリクスの検討を行い，設計クライテリアを建築主と合意し，目標とする性能グレードを設定する必要がある．

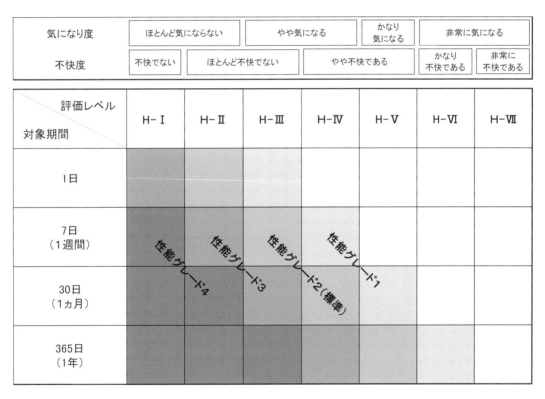

図 4.4　道路交通振動に対する水平振動の性能マトリクス（住居系）

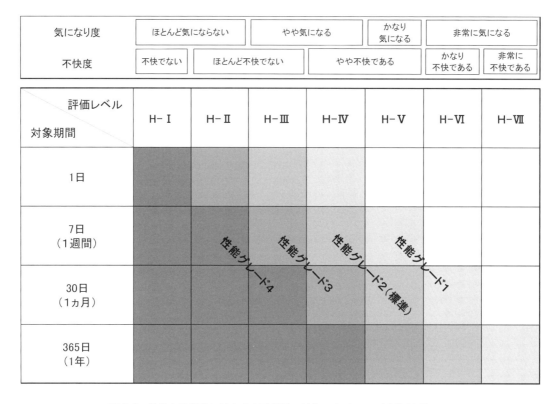

図 4.5　道路交通振動に対する水平振動の性能マトリクス（事務所系）

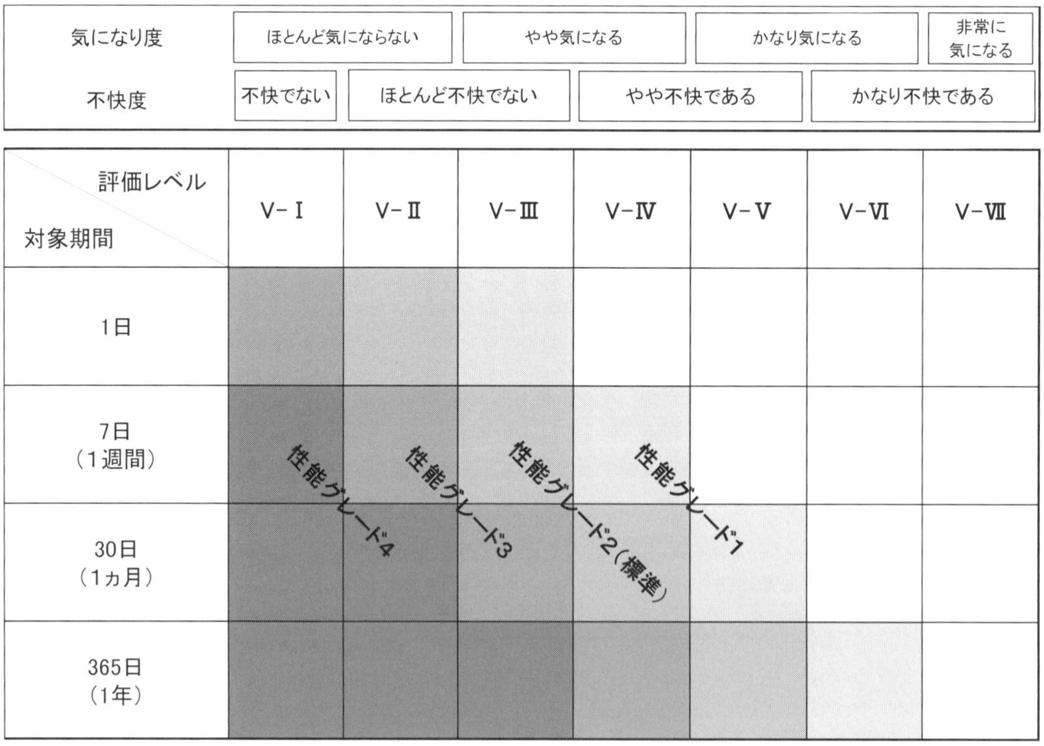

図 4.6　道路交通振動に対する鉛直振動の性能マトリクス（住居系・事務所系）

4.3　道路交通振動に対する設計フロー

　図 4.7 に道路交通振動に対する設計フローを示す．道路交通振動に対する環境振動設計では，地盤振動を介して励起される建築物の水平振動および鉛直振動を設計対象とし，建築主の要求性能を満足するように，全体架構および床スラブの固有振動数や減衰比を決定する．

　以下に，建設予定地での環境振動の事前調査に始まり，地盤振動の計測，建築主との合意形成，応答予測，目標性能の確認へと続く，環境振動設計の主要な項目について解説する．なお，環境振動設計は建築物の安全性に関わる耐震設計や耐風設計と並行して行われるが，ここでは環境振動設計のみを取り上げて説明する．

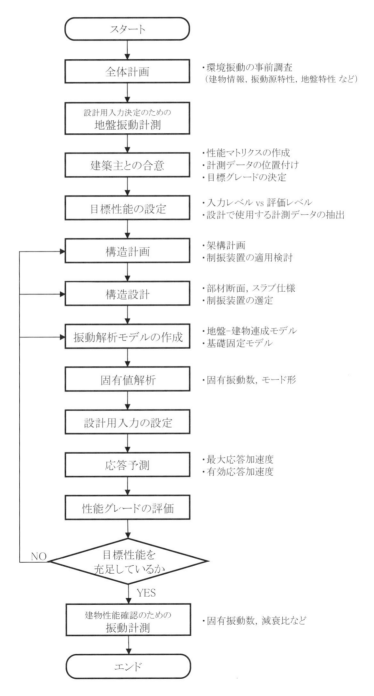

図 4.7　道路交通振動に対する設計フロー

4.3.1 環境振動の事前調査

建築物の全体計画に基づき，表4.4に示すチェックリストを用いて環境振動の事前調査を実施する．外乱が道路交通振動の場合，道路の構造や平坦性，交通量や走行速度，道路境界から建築物までの距離も重要な調査項目となる．

表4.4 道路交通振動のチェックリスト

項目		チェック項目
建築用途		□住居　□事務所　□その他（　　　　　）
建築規模	階数・高さ	地上＿＿＿階, 地下＿＿＿階　　最高高さ＿＿＿m
	建築面積	＿＿＿＿＿m² （最大幅＿＿＿m）
構造種別		□S造　□RC造　□SRC造　□木造　□その他（　　　　）
構造形式		□ラーメン　□ブレース付ラーメン　□壁付ラーメン　□壁式　□その他（　　　　）
基礎形式		□直接基礎　□杭基礎　□布基礎　□その他（　　　　）
立地特性	用途地域	□住居系　□商業系　□工業系
	道路からの距離	□≦10m　　□10〜20m　　□20〜50m　　□＞50m
振動源特性	道路構造	□平面　□高架　□地下　□その他（　　　　）
	路面平坦性	□段差あり（大・小）　　□段差なし
	交通量	□多い　□少ない
	走行速度	□≧60km/h　　□40〜60km/h　　□＜40km/h
地盤特性	地盤種別	□第1種　　□第2種　　□第3種
	表層土質	□砂質　□粘土質　□砂礫質　□その他（　　　　　）

4.3.2 設計用入力決定のための地盤振動の計測

道路交通振動に対する環境振動設計では，設計用入力を適切に設定するために，設計の初期段階で建設地における地盤振動の計測を行うことを原則とする．振動計測にあたっては，振動源である自動車等の走行状況を事前に把握し，計測計画を立てて，その目的や位置づけ等を建築主に説明する．

a. 計測概要

建築物の建設予定地における地盤振動の計測では，水平2成分および鉛直1成分，計3成分の加速度時刻歴を取得する．計測には振動センサと記録装置を使用し，振動センサと周辺機器の周波数特性と分析可能な上限振動数を考慮して適切なサンプリング振動数で計測データを記録する．

b. 地盤振動の計測位置

地盤振動の計測位置は敷地境界や建築物の建設予定位置とし，複数地点の同時計測を推奨する．

道路交通振動では敷地境界から建築物までの振動伝搬経路（地盤）での振動低減対策も考えられるため，振動源と受振点を結ぶ最短距離の直線上にある敷地境界での振動計測は必須である．一方，敷地境界から建築物までの振動伝搬（距離減衰）を正確に予測することは困難であるため，地盤での振動低減対策を行わない場合，建築物の建設予定位置での計測データは設計用入力を決定するうえで非常に有用である．また，地盤での振動低減対策を行う場合においても，地盤の振動伝搬特性（距離減衰や地盤増幅）をより正確に予測するために重要なデータとなる．なお，自動車等は移動振動源であるため，敷地境界だけの振動計測を行う場合でも，最短距離の1地点だけでなく，複数地点で同時計測することが望ましい．また，敷地境界では路盤等の影響により，敷地の内側よりも振動が小さくなったり，敷地の内側と周波数特性が異なったりすることもあるため，注意が必要である．

c. 振動センサの設置

　一般に建築物の建設予定地の地盤は乱されているため，振動センサを地盤の上に単に置いた場合，接触状態が悪くなり，地盤と振動センサが同じ動き（振動）をしない．また，地盤がばねとして働き，振動センサが特定の振動数で大きく振動（設置共振）し，正確な結果が得られないおそれがある．したがって，地盤振動を計測するときは，振動センサを設置する地盤を突き固めたり，地盤上にモルタル・せっこうなどを打設したりするなどして，地盤振動を正確に計測する必要がある．

d. 測定時間・回数

　特定の大型車両の走行など，設計対象となる振動源が明らかな場合には，独立した 10 個以上のデータを取得する[3]こととする．一方，複数自動車の同時走行のように，振動源が特定できず，群として複合した振動を計測する場合には，10 分間のデータを 6 回以上取得する[3]こととする．なお，計測時には可能な限り自動車等の走行状況を把握し，記録することとする．また，想定する振動源からの振動であることを確認するために，振動源が停止した時の振動（暗振動）も計測することとする．

e. 設計に用いるデータの選定

　環境振動設計の実務において，実際に計測した加速度時刻歴の全てを設計対象とするのは非現実的であるため，計測データの最大値や継続時間および周波数特性などに基づき，設計に用いる加速度時刻歴を選定する．ここで，計測データの選定にあたっては，計測計画で想定した対象期間にそぐわない突発的なデータは除外する．また，想定した対象期間に事前に把握した自動車等の走行がないなど，起こりうる事象が確認できなかった場合には，計測をやり直すか計測データの対象期間を見直すこととする．なお，設計に用いる波形の数は，水平 2 成分および鉛直 1 成分に対し各 3 波以上を原則とする．

4.3.3　目標性能の設定（性能グレードの設定）

　振動計測の後，当該建設予定地の状況に応じた性能マトリクスを作成し，目標とする性能グレードを建築主とともに決定する．この際，事前の計測データを性能マトリクスの縦軸（対象期間）のどこに位置づけるかについても合意しておく必要がある．

4.3.4　入力レベルの設定

　道路交通振動の 4 段階の対象期間（1 日，7 日，30 日，365 日）に対応する地表面加速度は，地盤振動の計測で得られた地表面加速度に対象期間に応じた入力倍率を乗じて設定することとする．

　道路交通振動の場合，事前の目視調査やヒアリングなどによって，1 週間の中で交通量が多い曜日や時間帯の想定が可能な場合が多いため，地盤振動の計測をその交通量の多い時間帯を含む数時間で実施することができれば，得られた地表面加速度は対象期間 7 日（1 週間）の設計用入力とみなすことができる．一方，入力倍率に関しては，現時点では有用な長期観測のデータは公表されていないため，対象案件の周辺環境や地盤条件などを考慮したうえで，設計者が判断して設定する．なお，地盤振動の計測結果と対象期間との対応，入力倍率の設定に関しては，できるだけ早い段階で，建築主と合意しておくことが肝要である．

4.3.5　設計クライテリアの設定

　性能マトリクス，計測データの位置づけ，目標性能の設定について，建築主との合意が得られたら，目標の性能グレードと合致する入力レベルと評価レベルの組合せを設計クライテリアとして設定する．

4.3.6　振動解析モデルの作成

　道路交通振動に対する環境振動設計では，建築物基礎への入力に対して全体架構の応答を予測する．応答予測に用いる振動解析モデルにおいては，建築物周辺の地盤特性の影響を評価するために，建築物－地盤相互作用の影響を適切に考慮しなければならない．

a. 振動解析モデル

　道路交通振動は地盤振動を介して全体架構の水平振動と鉛直振動を同時に励起する．そのため，道路交通振動に対する応答を予測するためには，全体架構の水平振動と鉛直振動を同時に扱うことのできる振動解析モデルを用いることが好ましい．しかし，建築物によっては，水平振動と鉛直振動のどちらかが卓越して励起される場合もある．このような場合は，全体架構の水平振動と鉛直振動を個別に扱う振動解析モデル，あるいは水平振動と鉛直振動のどちらかに特化した振動解析モデルを用いてもよい．

(1)地盤ばねを付加した全体架構の等価1質点系モデル

　全体架構の水平振動と鉛直振動を個別に扱う簡易振動解析モデルについて示す．

（ⅰ）全体架構の水平振動を予測する簡易振動解析モデル

　水平振動の評価点は最も揺れが大きくなる可能性の高い最上階の床とすることが多い．このとき，最上階の床スラブは複数あるが，剛床仮定が成立すると考えて，同一階の床スラブの水平振動は同じとみなす．

　水平振動だけに着目したとき，応答予測のための簡易振動解析モデルとしては，全体架構の水平剛性と有効質量を用いた全体架構の等価1質点系モデルに地盤ばねを付加した建築物－地盤連成モデルが考えられる．水平振動に対する地盤ばねには，耐震設計でよく用いられるスウェイ・ロッキング（SR）モデル，あるいは水平軸ばねと鉛直軸ばねを組み合わせたモデルなどを用いることができる．水平振動に対する全体架構の等価1質点系モデルは，全体架構各層の水平剛性と集中質量を用いた多質点系モデルを等価1質点系モデルに置換することにより求める．

　地盤の剛性が全体架構の剛性に比べて十分大きく建築物－地盤相互作用の影響が小さいとみなせるときは，地盤剛性を無限大と考え，全体架構の等価1質点系モデルの基部を入力点として水平振動を予測してもよい．

（ⅱ）鉛直振動を予測する簡易振動解析モデル

　鉛直振動は水平振動のように上階ほど大きく増幅される傾向は顕著には見られず，通常，各階床スラブの面外曲げ振動（床の鉛直振動）による増幅が卓越しやすい．鉛直振動の大きさは同一階であっても，床スラブの位置によって異なる．このため，鉛直振動の評価点は，鉛直振動が最も大きくなる大スパンの床スラブ中央とすることが多い．

　鉛直振動だけに着目したとき，応答予測のための簡易振動解析モデルとしては，全体架構の等価1質点系モデルに地盤ばね（鉛直軸ばね）を付加した建築物－地盤連成モデルを用い，評価対象とする床スラブ周辺の剛域における鉛直振動を求めたうえで，これを入力として1質点系としてモデル化した床スラブの鉛直振動を予測することが考えられる．鉛直振動に対する全体架構の等価1質点系モデルは，全体架構各階の鉛直剛性と集中質量を用いた多質点系モデルを等価1質点系モデルに置換して求める．

　通常，建築物の鉛直剛性は水平剛性に比べてはるかに大きくなるため，全体架構の鉛直振動が大きく増幅されることはあまりない．このため，全体架構内部での鉛直振動の増幅が十分に小さいとみなせる場合は，全体架構の等価1質点系モデルの基部に入力する鉛直振動は，床スラブ周辺の剛域における鉛直振動と同じであると考えてもよい．このとき，鉛直振動に対する振動解析モデルは，床スラブの等価1質点系モデルに地盤ばね（鉛直軸ばね）を直接結合した振動解析モデルになる．

　地盤ばねは水平振動のときと同じように，全体架構の鉛直剛性に比べて地盤の鉛直剛性が十分に大きく建築物－地盤相互作用の影響が小さいとみなせる場合は，地盤剛性を無限大と考えて全体架構の等価1質点系の基部を入力点と考えて床スラブ周辺の剛域における鉛直振動を予測してもよい．この場合，床スラブの等価1質点系モデルの基部に直接入力して床の鉛直振動を予測することになる．

(2) 地盤ばねを付加した全体架構の多質点系モデル

全体架構の等価 1 質点系モデルの適用限界として 1 次モードしか扱えないという点がある．全体架構の高次モードが励起されて中間階での振動が大きく増幅されるような場合は，全体架構の多質点系モデルを用いる．全体架構剛性に比べて地盤剛性が十分に大きいとみなせる場合は，地盤ばねを省略し，全体架構の多質点系モデルの基部に直接入力して応答を予測してもよい．

(3) 立体骨組モデル

地盤ばねを付加した全体架構の高次モードや各振動成分の同時発生の影響を検討したい場合は，柱・梁を梁要素でモデル化した立体骨組モデルを用いる．全体架構の剛性に比べて地盤の剛性が十分に大きいとみなせる場合は，地盤ばねを省略し，立体骨組モデルの基部に直接入力して応答を予測してもよい．

b. 地盤ばねの推定方法

建築物－地盤連成モデルの地盤ばねと逸散減衰は，本会刊行の動的相互作用に関する書籍[4),5)]や文献[6)]などに示された方法により求めることができる．表 4.5 に，地表面基礎下の地盤のばね定数の算定式の例を示す．半無限弾性体とみなせる地盤上に埋込みの浅い直接基礎がある場合に限られるものの，検討の初期段階では十分に使用可能と考えられる．また，有限要素法や薄層要素法による詳細解析を実施して求めることもできる．

表 4.5　地表面基礎下の地盤のばね定数の例[7)]

応力分布／振動型	ばね定数			振動型
	剛板分布	一様分布	放物分布	
上下動	$\dfrac{4a\rho Vs^2}{1-\nu}$	$\dfrac{\pi a\rho Vs^2}{1-\nu}$	$\dfrac{3\pi a\rho Vs^2}{4(1-\nu)}$	上下動
水平動	$\dfrac{8a\rho Vs^2}{2-\nu}$	$\dfrac{2\pi a\rho Vs^2}{2-\nu}$	$\dfrac{3\pi a\rho Vs^2}{2(2-\nu)}$	水平動
回転動	$\dfrac{8a^3\rho Vs^2}{3(1-\nu)}$	$\dfrac{\pi a^3\rho Vs^2}{2(1-\nu)}$	$\dfrac{\pi a^3\rho Vs^2}{4(1-\nu)}$	回転動

（Vs：横波速度，　ρ：土の比重，　ν：ポアソン比，　a：基礎の等価半径）

4.3.7　設計用入力の設定

地盤振動の計測結果（4.3.2 参照）に基づき，建築物基礎における全体架構への入力を設定する．

図 4.8 に示すように，建築物基礎への入力位置で地盤振動の計測が行われている場合には，計測結果に建築物基礎による入力損失の影響を考慮して，建築物基礎への入力振動を設定する．ただし，基礎の規模や形状により入力損失が期待できない場合は，計測された地盤振動を設計用入力とみなしてもよい．

一方，敷地境界付近での計測結果しかない場合や，複数位置での建築物基礎への入力が想定されていて，その全位置での地盤振動の計測結果がない場合には，計測位置から入力位置までの地盤振動の振動伝搬特性（主に距離減衰）も考慮して，入力位置での地盤振動を予測する．ただし，計測位置から入力位置までの距離が短い場合には，計測結果を入力位置における地盤振動とみなしてもよい．

a. 建築物基礎による入力損失

地盤に比べて建築物基礎の剛性が十分に大きい場合，建築物基礎が地盤振動を拘束することによる入力損失効果が期待できる．入力損失の影響を考慮する方法としては，入力損失式による簡易な方法と有限要素法や薄層要素法などを用いた詳細な解析による方法がある．

　山原式[6]や原田式[8]などの入力損失式は，単純な形状の地表面基礎や埋込み基礎の場合は，実用的な精度で適用可能であるが，複雑な形状の基礎の場合には，面積が等価な円形や矩形基礎に置換して予測式を適用する必要がある．杭基礎の場合には土木学会の提案式[9]を用いることもできるが，いずれの式も地震時の水平動を主な対象としているため，環境振動設計に用いる際には注意が必要である．これらの式で与えられる入力損失フィルタは振動数軸の値であるため，図 4.9 に示すように，地盤振動の加速度時刻歴を FFT 等の周波数分析を行ったうえでフィルタを掛けることとなる．基礎上の加速度時刻歴が必要な場合は，この結果に対して逆 FFT 等の操作を行う．

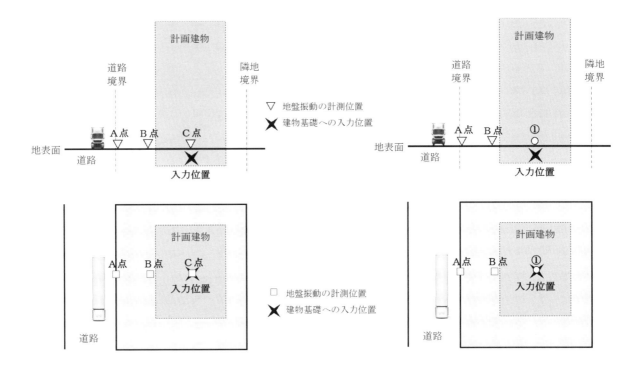

・C点のデータに入力損失を考慮し建築物基礎への設計用入力を決定

・A点またはB点のデータに距離減衰を考慮し①の地盤振動を推定
・①の地盤振動に入力損失を考慮し建築物基礎への設計用入力を決定

　　(a) 入力位置の地盤振動が計測されている場合　　　　　　　(b) 入力位置の地盤振動が計測されていな場合

図 4.8　地盤振動の計測位置と建築物基礎への設計用入力の関係

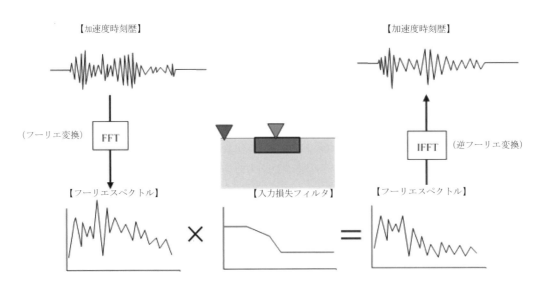

図 4.9　入力損失フィルタによる建築物基礎上振動推定のイメージ図

地盤構造が複雑な場合や，地盤振動に振動数の卓越が複数ある場合などは，建築物基礎と周辺地盤を含めて有限要素法を用いる方法が有用である．しかし，建築物直近の地盤のみをモデル化すると，モデル化領域の側面方向や深さ方向に広がる地盤へのエネルギーの逸散を考慮できないばかりか，振動解析モデルの境界部分からの反射波等の影響を受けるため，解析精度が悪くなる．このため，建築物を含む十分広い地盤をモデル化するとともに，境界部分を工夫する等の留意が必要になる．また，解析対象とする振動数を考慮したメッシュ分割を行う必要があるため，環境振動の振動解析モデルは要素数が多くなる傾向があり，高性能で大容量の計算機と多大な時間が必要となる．なお，地盤が成層構造と仮定できる場合は，基礎・杭などの構造物と構造物周辺の地盤を有限要素で，遠方地盤を薄層要素でモデル化するハイブリッド法を採用することにより，地盤部分の要素数は大幅に削減され計算効率が向上する．

b. 地盤振動の距離減衰

　計測位置から建築物基礎の位置までの地盤振動の振動伝搬特性（主に距離減衰）を考慮する方法としては，振動計測記録に基づく方法，経験式[10]による簡易法，有限要素法や薄層要素法などを用いて加振力を推定し，推定した加振力から建築物基礎位置までの振動伝搬を予測する詳細法とがある．

　簡易法は数少ないパラメータから予測値が得られるものの，表層地盤と下層地盤とのせん断波速度の差が大きい場合や，地盤構造が複雑な場合などでは，十分な予測精度が得られないこともあるため注意が必要である．一方，詳細法では，予測精度を求めれば求めるほど振動解析モデルは大規模になる傾向があるため，高性能で大容量の計算機と多大な時間が必要になるとの認識が必要である．なお，簡易法，詳細法ともに，予測精度を上げるためには，複数地点における地盤計測の結果を利用して，地盤モデル（パラメータ）のキャリブレーションを行うことを推奨する．

4.3.8　応答予測の方法

　道路交通振動に対する全体架構の水平振動と鉛直振動の予測には，歩行振動の場合と同じように，非定常的な振動の扱い方と最大応答値の合理的評価が重要である．さらに，風振動と道路交通振動に対する応答予測との相互関連性についても配慮する必要がある．

a. 解析方法

(1) 非定常的な振動の応答予測

　道路交通振動に対する予測解析においては，歩行振動と同じように，非定常的な振動のもとで最大応答値を適切に評価するために時刻歴応答解析を用いる．

(2) 最大応答値の合理的評価

　全体架構の最大応答値を予測するうえで，重要なパラメータは固有振動数と減衰比である．外力の振動数と全体架構の振動数が一致する共振現象が生じると全体架構の応答は大きく増幅し，増幅の程度は減衰比が小さいほど顕著になる．全体架構の減衰比は一般に極めて小さいので，応答予測において共振点を外してしまうと全体架構の最大応答値の予測は危険側の評価になってしまう．このため，周波数領域における評価点のバンド幅が粗い 1/3 オクターブバンド分析は設計においては，使用しない方が賢明である．時刻歴応答解析では，対象とする全体架構あるいは部材の固有振動数を把握できるように十分に細かな時間刻みを用いることに留意する必要がある．

(3) 非定常応答の簡易予測法

　非定常過程となる道路交通振動を扱う時刻歴応答解析に関しては，これを簡略化した簡易予測法（応答スペクトル法）を用いることができる．すなわち，水平振動は水平 2 成分に対して，鉛直振動は鉛直 1 成分に対して，それぞれ地盤ばねを付加した全体架構の等価 1 質点系モデルの時刻歴応答解析を行って最大応答値を予測する方法である．この応答解析法を外部人工振動源に対する簡易予測法として位置づけることにする．

　簡易予測法で用いる地盤ばねを付加した全体架構の等価 1 質点系モデルは，適用範囲に限界がある．全体架構の 1 次モードしか対象にできないことと，異なる成分の同時発生の影響を考慮できないことなどである．このような評価が設計上重要になると考えられる場合は，地盤ばねを付加した等価 1 質点系モデルの代わりに，地盤特性を考慮した多質点系モデル，立体骨組モデルまたは有限要素モデルなどの詳細モデルを導入する必要がある．

b. 有効応答加速度の算定

　道路交通振動による建築物応答は居住性能評価規準[2]に定める非定常的な振動であるため，振動の継続時間に応じて応答加速度を低減することができる．応答加速度を低減する場合には，時刻歴応答解析等により得られた応答加速度 A に，継続時間 T に応じた応答低減係数 μ を乗じることとする．ここで，環境振動設計では応答低減係数 μ を乗じた応答加速度 A を有効応答加速度 A^* と呼ぶ．なお，応答低減係数 μ（$=A^*/A$）の計算に必要な継続時間 T は，評価規準に定められた方法で求めてもよいし，安全側の処置になるであれば，設計者判断で別の方法[11]などを採用してもよい．

4.3.9　目標性能の確認（性能グレードの評価と確認）

　入力レベル（対象期間）と評価レベルとの関係を性能マトリクスと照合し，性能グレードを評価する．すべての入力レベルに対する性能グレードが目標性能を充足することを確認できれば，環境振動設計は完了となる．目標性能を充足しない場合は，部材断面変更による剛性修正や，制振部材・制振装置による減衰付与などを検討し，再度応答予測を行って目標性能を充足することを確認する．場合によっては，目標とする性能グレードを見直し，改めて建築主との合意形成を図ることも考える．

4.3.10　計測による性能確認

　応答予測を実施し，建築物の振動環境が目標性能を充足することを確認した後，竣工時に応答予測の妥当性を確認するための振動計測を行う．ここで，道路交通振動の検討において確認すべき設計パラメータとしては，地盤振動の距離減衰，基礎の入力損失，上部構造の固有振動数と減衰比などが考えられる．とくに計測により求めた基礎と上部構造の伝達関数から固有振動数と減衰比を推定し，解析条件の妥当性を確認することは重要である．ただし，計測値としての固有振動数と減衰比は必ずしも設計値と正確に一致している必要はない．応答予測が目標性能を充たすように，固有振動数のばらつきを考慮したうえで共振現象が回避できること，減衰比は設計値と同程度以上であることを確認する．

4.4 道路交通振動に対する設計例

ここでは，鉄骨造 5 階建ての事務所ビルと戸建て住宅の道路交通振動に対する設計例を示す．

4.4.1　時刻歴応答解析による中規模事務所ビルの設計例

本項では，幹線道路沿道に建設予定の鉄骨造 5 階建て，建築物高さ 21m，延床面積 4700m² の標準的な事務所ビルの環境振動設計の例を示す．図 4.10 に計画建築物の配置図と基準階平面図を示す．

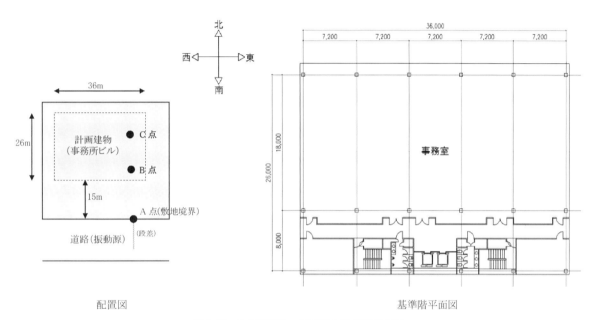

図 4.10　計画建築物の配置図と基準階平面図

a. 環境振動の事前調査

道路交通振動のチェックリストを用いて計画建築物の事前調査を実施した．その結果，①建築物が鉄骨造であること，②道路には目視確認できる大きな段差があり，建築物までの距離も 15m とやや近いこと，③交通量が多く，バスやトラックなどの大型車も時速 40km 程度で頻繁に走行することなどの理由から，地盤振動の計測を行って環境振動設計を進める必要があると判断した．

b. 設計用入力の決定のための地盤振動の計測

事前の現地調査および公表されている振動計測の結果に基づき，大型車両の走行が増え，道路段差に起因する大きな振動が発生すると考えられる時間帯を平日の 11 時〜14 時と推定し，同時刻を含む時間帯に振動計測を行って設計用入力を決定することとした．

振動計測では水平 2 成分と鉛直 1 成分，計 3 成分の加速度時刻歴を計測した．計測箇所は大きな道路段差に最も近い敷地境界（図 4.10 の A 点）と建築物建設予定位置（図 4.10 の B 点および C 点）の計 3 か所とした．計測時間は 1 時間以上，かつ道路段差に起因すると考えられる独立した 10 個以上のデータが取得できるまでとした．

c. 建築主との合意

建築主との話合いにより，下記の内容で合意した．

・道路交通振動の経時変化については 1 日から 365 日（1 年）までを対象期間とする．

・振動計測により得られたデータは，1 週間の中で交通により生じる地盤振動が最大となる時間帯のものであり，1 か月に一度あるいは 1 年に一度などのめったに通らない特殊車両等の通行もなかったため，対象期間 7 日の振動と位置づける

・現地の状況および過去の計測事例に基づき，対象期間 7 日の地表面加速度に対して，表 4.3 より 1 日は 0.7 倍，30 日は 1.4 倍，365 日は 2.0 倍となる地表面加速度を設定する．

・性能グレードは「標準」（グレード 2）を目標とする.

図 4.11 に，本案件（事務所ビル）の合意形成に使用した性能マトリクスを示す.

d. 設計クライテリアの設定

水平振動に関しては，事前の振動計測より得られた対象期間 7 日の地盤振動に対し，評価レベル H-IV を設計クライテリアとした. 鉛直振動に関しては，対象期間 7 日の地盤振動に対し評価レベル V-III を設計クライテリアとした.

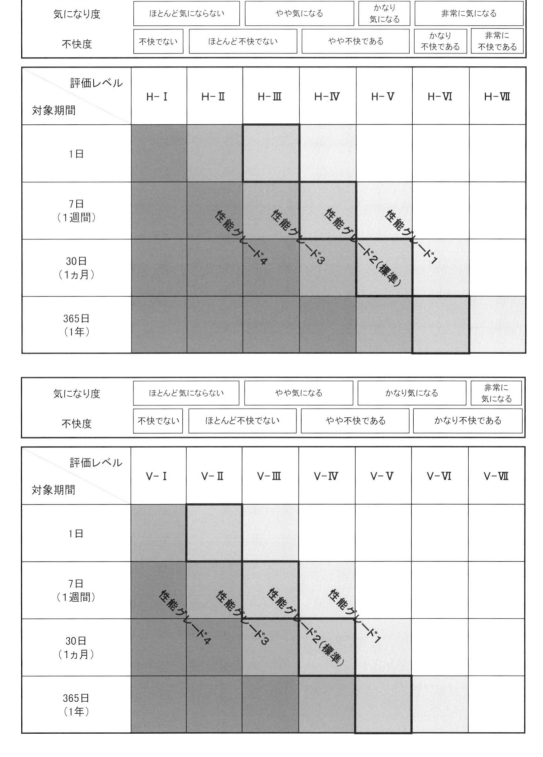

図 4.11　道路交通振動に対する事務所の性能マトリクス（上：水平振動，下：鉛直振動）

e. 計測データの確認

　図4.12に建築物の建設予定位置である図4.10のB点における地盤振動の加速度応答スペクトル（減衰比5%）を示す.

　水平振動に関しては，最大でもH-Ⅱ（X方向，12.5Hz）であり，建築物の1次固有振動数（1.6〜2.4Hzと推定）の共振現象を起こす範囲から完全に外れているため，設計クライテリアであるH-Ⅳは十分充足していると判断し，以後の検討は省略することとした. 一方，鉛直振動に関しては，応答スペクトルが設計クライテリアであるV-Ⅲにまで達していること，地盤振動の固有振動数が鉄骨造建築物の床スラブの標準的な1次固有振動数（10〜15Hz）の共振現象を起こす範囲にあることから，計測された10波の振動データを用いて環境振動設計を行うこととした.

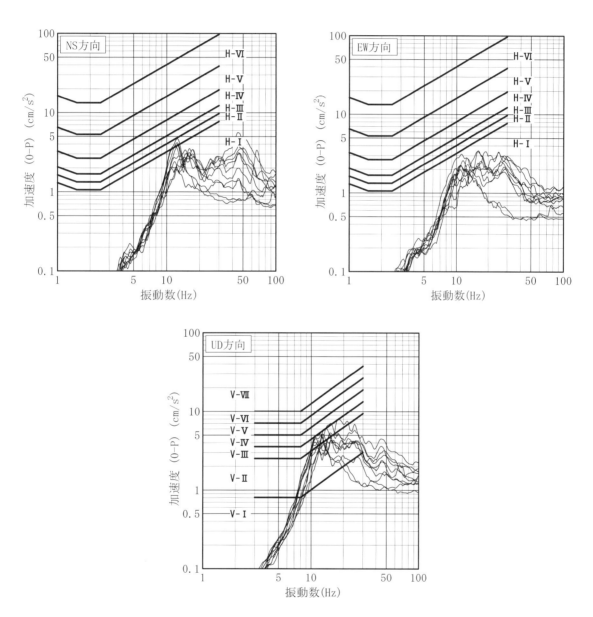

図4.12　地盤振動の加速度応答スペクトル（減衰比5%，上：水平振動，下：鉛直振動）

f. 構造計画・構造設計

図4.13に計画建築物の基礎および基準階の伏図を，図4.14に南北方向の軸組図を示す．また，表4.6に主要部材の材質および断面形状を示す．

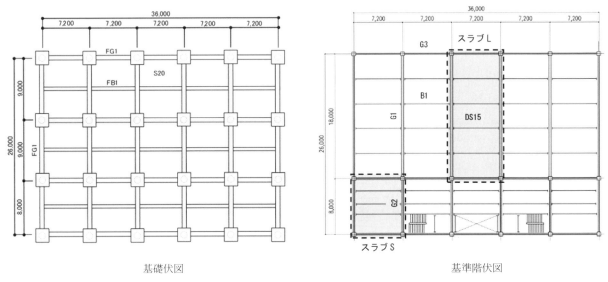

| 基礎伏図 | 基準階伏図 |

図4.13 計画建築物の基礎伏図と基準階伏図

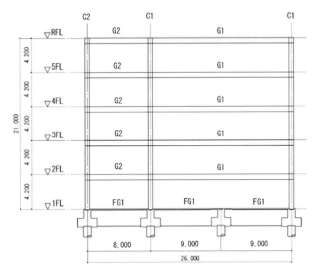

図4.14 軸組図（南北方向）

表4.6 主要部材の材質および断面形状

部位	符号	階	材質	断面形状
柱	C1	1〜5	BCP325	□−550×550×22
	C2	1〜5	BCP325	□−500×500×19
大梁	FG1	1	Fc27	B×D=600×1,800
	G1	2〜R	SN490B	H−900×300×16×32
	G2	2〜R	SN490B	H−700×300×14×28
	G3	2〜R	SN490B	H−700×250×14×22
小梁	FB1	1	Fc27	B×D=600×800
	B1	2〜R	SS400	H−400×200×8×13
床	S20	1	Fc24	t=200mm
	DS15	2〜R	Fc21	t=150mm（フラットデッキ）

g. 振動解析モデル

本設計例では鉛直振動を検討対象としているため，床スラブの1次固有振動を模擬した減衰比2%の等価1質点系モデル（図4.15）を採用した．対象とする床スラブは，図4.13に示すスラブL（7.2m×18.0m）とスラブS（7.2m×8.0m）の2種類とした．辺長比2.5のスラブLの1次固有振動は，大梁（G1）の1次固有振動に支配されると判断し，両端固定梁の1次固有振動数を床スラブの1次固有振動数とした．一方，辺長比1.1のスラブSの1次固有振動は床版（t=150mm）の1次固有振動に支配的されると判断し，4辺固定版の1次固有振動数を床スラブの1次固有振動数とした．

図4.15 等価1質点系モデル

　表 4.7 に各床スラブの有効質量と剛性および固有振動数を示す．ここで，非構造材の固定荷重は 650N/m²，積載荷重は 400N/m² とし，柱および梁の鉄骨質量はボルトや継手プレート等を考慮して部材質量の 1.3 倍とした．

表 4.7　床スラブの等価 1 質点系モデル

	有効質量（ton）	剛性（kN/m）	固有振動数（Hz）
スラブL	22.8	29,965	5.77
スラブS	4.0	21,192	11.55

h. 設計用入力

　道路交通振動により生じる地盤振動は基礎を介して上部構造に入力するため，事務所系の建築物では基礎が一種のフィルタとなって入力振動が低減される．したがって，振動計測で得られた地表面加速度時刻歴をそのまま入力振動とするのは，とくに本設計例のように基礎固定で上部構造を質点系にモデル化して応答予測を行う場合には安全側になる．地盤振動の加速度時刻歴から基礎上の振動を簡易に作成するプロセスに確立されたものはないため，本設計例では，文献 6), 8), 12)を参考に振幅比（基礎上加速度/地表面加速度）を決定することとした．

　図 4.16 に各提案式による振幅比を示す．ここで，地盤のせん断波速度は柱状図より 120m/s とした．また，各提案式の定数には以下の値を採用した．

- 文献 6)のいわゆる山原式では基礎長さ l を 26m とした．
- 文献 8)のいわゆる原田式では直径 80cm の PC 杭（肉厚 11cm）を想定して等価根入れ深さ D_{feq} を 4.56m とした．
- 文献 12)の提案式における異なる 2 地点間の波動の相関度を示すパラメータ a は 0.12 とした．

　図 4.16 より，地盤振動の固有振動数に相当する 10〜15Hz の振動数範囲では，基礎上加速度は地表面加速度の 0.63 倍以下になると推察される．ここで，基礎から各階に至るまでの振動伝搬についてはいまだ不明な点も多いが，振動のエネルギーが小さい場合には，振動は全体架構（主に柱）を伝搬して上階に達するまでに小さくなることもあるため，本設計例では，基礎上加速度時刻歴を各階柱際（スラブ固定端）における入力とみなし，計測された地盤振動の 0.63 倍の大きさの加速度時刻歴を設計用入力（各階柱際の応答加速度）とした．

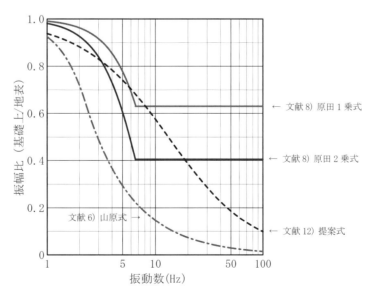

図 4.16　各提案式による振幅比（基礎上加速度／地表面加速度）

i. 応答予測

(1) 検討対象

スラブ L の固有振動数は 5.8Hz であり，設計用入力の固有振動数（10〜15Hz）から外れているため，本検討では，共振現象を起こすことが想定される固有振動数 11.6Hz のスラブ S を検討対象とした．

(2) 加速度応答スペクトル

図 4.17 に設計用入力 10 波に対する減衰比 2% の加速度応答スペクトルを示す．スラブ S の固有振動数のばらつきの範囲を 9.0〜14.0Hz とすると，設計クライテリアである V-III の上限値を超える可能性があるのは，表 4.8 に示す 3 ケースのみと考えられる．

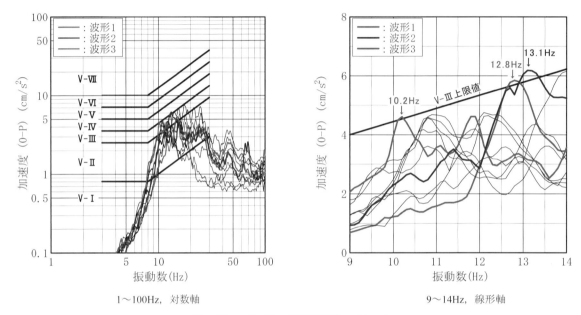

1〜100Hz，対数軸　　　　　　　　　　9〜14Hz，線形軸

図 4.17 スラブ S の加速度応答スペクトル

表 4.8 時刻歴応答解析の検討ケース

	波形呼称	最大入力加速度 (cm/s^2)	スラブSの固有振動数(Hz)	スラブSの固有振動数の変化率
ケース1	波形1	0.750	12.8	+11%
ケース2	波形2	0.787	13.1	+13%
ケース3	波形3	0.946	10.2	−12%

(3)時刻歴応答解析

　表 4.8 に示す 3 ケースを対象に時刻歴応答解析を行った．図 4.18〜4.20 にそれぞれケース 1〜3 の応答加速度と，評価規準[2]に示された時間効果による応答低減係数の計算に必要な時定数 10ms の振動レベル（以下，VL_{10ms} という）の時刻歴を示す．また，表 4.9 に最大応答加速度，VL_{10ms} が 55dB 以上となる時間（以下，振動の継続時間 T という），応答低減係数および有効応答加速度を示す．

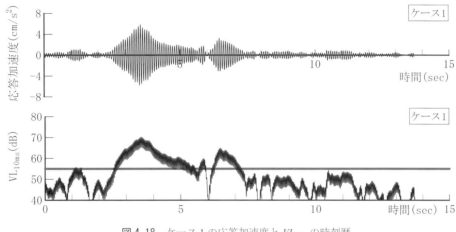

図 4.18　ケース 1 の応答加速度と VL_{10ms} の時刻歴

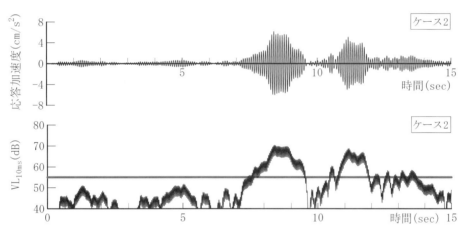

図 4.19　ケース 2 の応答加速度と VL_{10ms} の時刻歴

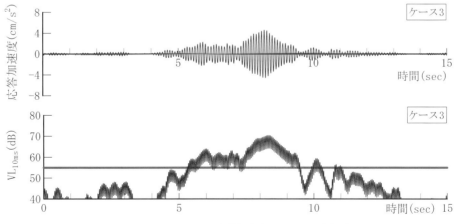

図 4.20　ケース 3 の応答加速度と VL_{10ms} の時刻歴

表 4.9　最大応答加速度と有効応答加速度

	最大応答加速度 (cm/s²)	振動の継続時間 T (sec)	応答低減係数	有効応答加速度 (cm/s²)
ケース1	5.83	3.98	0.80	4.66
ケース2	6.13	4.00	0.80	4.90
ケース3	4.59	4.26	0.81	3.72

j. 評価レベルと性能グレードの決定

図 4.21 に有効応答加速度の性能評価図へのプロットを示す．対象期間 7 日間の道路交通振動に対する評価レベルは V-Ⅲ であり，設計クライテリアを充足している．

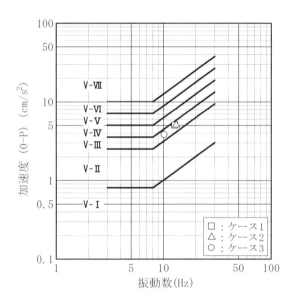

図 4.21　対象期間 7 日間の床振動

　表 4.10 に，対象期間 7 日間の場合と同様の方法で求めた，30 日，365 日の各対象期間に対する応答低減係数と有効応答加速度を示す．また，図 4.22 に各対象期間に対する有効応答加速度の性能評価図へのプロットを示す．ここで，対象期間 1 日の応答低減係数は，表 4.9 から対象期間 7 日の応答低減係数の最大値 μ =0.81 とした．

表 4.10　対象期間 30 日と 365 日の応答低減係数と有効応答加速度

	対象期間：30日		対象期間：365日	
	応答低減係数	有効応答加速度 (cm/s²)	応答低減係数	有効応答加速度 (cm/s²)
ケース1	0.86	7.09	0.93	10.84
ケース2	0.86	7.46	0.92	11.28
ケース3	0.85	5.52	0.89	8.17

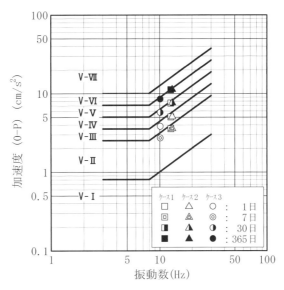

図 4.22　性能評価図との照合

　図 4.22 より，対象期間 1 日，7 日，30 日，365 日に対する評価レベルはそれぞれ V-Ⅱ，V-Ⅲ，V-Ⅳ，V-Ⅴ であることがわかる．なお，道路交通振動に対する振動検討において，応答低減係数を使用すると危険側の設計になるおそれもあるが，本検討例では，基礎による入力損失の推定で十分な安全率を確保していること，固有振動数を 1 割以上も変化させて最も厳しい条件で検討していることから，応答低減係数を使用しても問題ないと判断した．

　図 4.23 に検討結果の性能マトリクスへのプロットを示す．建築主と合意した目標どおり性能グレード 2（標準）となっている．

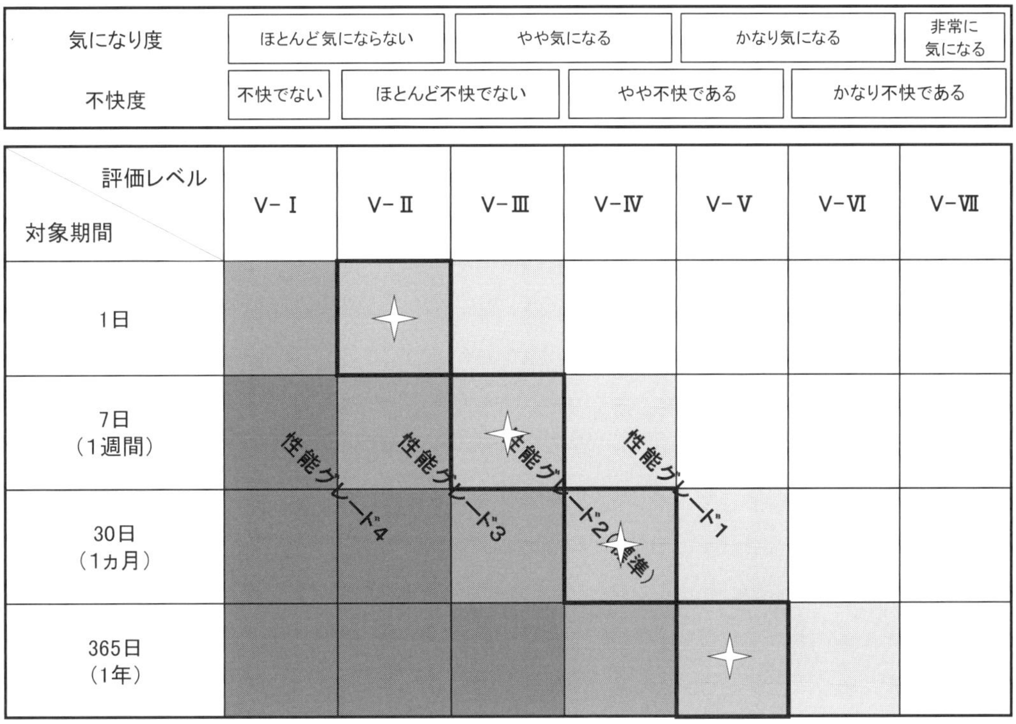

気になり度	ほとんど気にならない		やや気になる		かなり気になる		非常に気になる
不快度	不快でない	ほとんど不快でない		やや不快である		かなり不快である	

評価レベル／対象期間	V-Ⅰ	V-Ⅱ	V-Ⅲ	V-Ⅳ	V-Ⅴ	V-Ⅵ	V-Ⅶ
1日		✦					
7日（1週間）			✦	✦			
30日（1ヵ月）				✦			
365日（1年）					✦		

性能グレード4　性能グレード3　性能グレード2（標準）　性能グレード1

図 4.23　性能グレードの確認（ ✦ は検討結果を示す）

k. 建築物性能確認のための振動計測

　建築物竣工時に周囲振動の計測を行い，スラブ S およびスラブ L の 1 次固有振動数が設計値のばらつきの範囲内（±20%以内）であることを確認した．また，各スラブの減衰比が設計値（2%）以上であることを確認した．

l. むすび

　本項では，道路交通振動に対する環境振動設計の考え方を示すために，幹線道路沿道に建設する鉄骨造 5 階建て事務所ビルを例にとり，設計フローに則った設計手法の概要を説明した．

　本設計例では鉛直振動を検討対象とし，最も簡単な床スラブの等価 1 質点系モデルを用いて応答予測を行ったが，ここで示した方法は，設計者判断による一手法である点にご留意願いたい．とくに現時点では，事前の振動計測により得られた地盤振動の加速度時刻歴から設計用入力を作成するプロセスや，建築物内の振動伝搬特性を正確に予測するプロセスに確立されたものはなく，今後の研究成果に期待するところが大きい．

4.4.2 応答スペクトル法による戸建て住宅の設計例

本項では，前面を大型車両が走行する道路に面して建設される鉄骨造 3 階建て戸建て住宅の環境振動設計の例を示す.

a. 環境振動の事前調査

道路交通振動のチェックリストを用いて計画建築物の事前調査を実施した. その結果，本建築物は歩道を挟んで前面道路まで約 5m の位置に建つ鉄骨造 3 階建てであり，前面道路はダンプや周辺事業所へ出入りするトラックが多く，竣工後に建築物内で振動発生の可能性が高いことから，地盤振動の計測を行って環境振動設計を進める必要があると判断した.

b. 設計用入力決定のための地盤振動の計測

建築主は，現在同じ場所に木造 2 階建てに住んでおり，今回は鉄骨造 3 階建てへ建替えの計画であるため，振動発生状況を建築主へヒアリングし，平日の午前中に満載したダンプや周辺の事業所に出入りするトラックが前面道路を走行するときに水平振動（道路直交方向）が気になることを確認できた.

ヒアリング結果より，地盤振動の計測では，平日の 9 時から 12 時の間で 1 時間かつ大型車両走行を 10 台以上記録できるまでとし，計測場所は，建築物の建設予定地と道路境界が約 5m であったため，道路境界上の地盤 1 点とし，水平振動の加速度時刻歴を収録した.

この計測時間中の水平振動の最大加速度時刻歴を図 4.24 に示す.

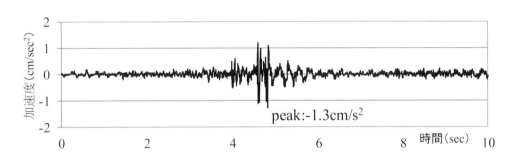

図 4.24 道路境界上地盤の水平振動（道路直交方向）の最大加速度時刻歴

c. 建築主との合意

建築主との話合いにより，以下の内容で合意した.

・対象期間は，日常的には同じような大型車両の走行がほとんどであるが，周辺事業所へ繁忙期などに積載量が多いトレーラーなどの出入りがあることから，1 日から 365 日（1 年）までとすること.

・対象とする振動は，現在揺れが気になる道路直交方向の水平振動とすること.

・対象期間に相当する入力レベルは，事前の地盤振動の計測の最大値（図 4.24）を 7 日（1 週間）に相当するとし，7 日を基に 1 日は 0.7 倍，30 日（1 か月）は 1.4 倍，365 日（1 年）は 2.0 倍となると設定すること.

・性能マトリクスは，図 4.25 に示すものを使用し，性能グレードは「標準」（グレード 2）とすること.

d. 設計クライテリアの設定

建築主への振動源に対するヒアリングで，1 週間のおおむね最大となる時間帯を確認して地盤振動の計測を実施したことから，設計クライテリア（水平振動）は，対象期間 7 日の地盤振動に対する評価レベルが H-Ⅲ となる.

| 気になり度 | ほとんど気にならない | | やや気になる | | かなり
気になる | 非常に気になる | |
| 不快度 | 不快でない | ほとんど不快でない | | やや不快である | | かなり
不快である | 非常に
不快である |
評価レベル 対象期間	H－Ⅰ	H－Ⅱ	H－Ⅲ	H－Ⅳ	H－Ⅴ	H－Ⅵ	H－Ⅶ
1日							
7日 （1週間）							
30日 （1ヵ月）							
365日 （1年）							

性能グレード4　性能グレード3　性能グレード2（標準）　性能グレード1

図 4.25　建築主と合意した性能マトリクス（水平振動）

e. 振動解析モデル

　外部人工振動源による地盤振動に対する戸建て住宅の上階受振点での増幅は 1 層目が支配的 [13)]であることから，振動検討モデルは 1 層目の剛性と 1 層目の壁の半分から上の地震時積載荷重を見込んだ質量とした図 4.26 に示す等価 1 質点系とし，固有振動数は，図 4.27 に示す鉄骨造 3 階建 84 棟の固有振動数の分布 [14)]より平均値 4.3Hz±2 σ の 2.7～6.0Hz の範囲にあり，減衰比は 3％程度 [15)]と想定した．

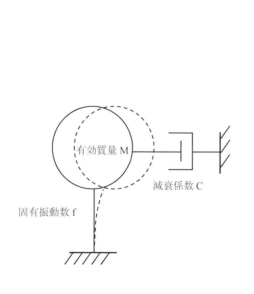

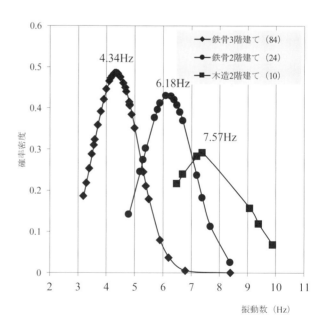

図 4.26　戸建て住宅の振動解析モデル（水平振動）　　図 4.27　戸建て住宅の全体架構と階数の違いによる固有振動数分布

f. 応答予測

図 4.24 で示した地盤振動の計測で得られた敷地境界上での加速度時刻歴から，減衰比をパラメータとして加速度応答スペクトルにより応答予測を行う．水平振動の性能評価図にプロットした加速度応答スペクトルは，図 4.28 のとおりである．

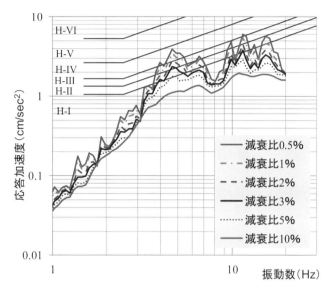

図 4.28　性能評価図にプロットした加速度応答スペクトル（水平振動）

g. 評価レベルと性能グレードの決定

対象とする戸建て住宅の固有振動数は，おおむね図 4.27 に示した固有振動数の平均値±2σ 程度であり，安全側になっていることから，その範囲の最大応答加速度を 3 階床上での応答予測値（固有振動数 4.6Hz）とし，減衰比ごとに評価レベルを確認する．図 4.28 の横軸の振動数を 1〜10Hz として，図 4.27 の鉄骨造 3 階建ての固有振動数の分布の平均値と±2σ の振動数を図 4.29 に示した．

この加速度応答スペクトルを求める際に用いた地盤での加速度時刻歴は 7 日の最大値と判断しており，ここで得られる評価レベルも 7 日に相当するものである．表 4.11 には減衰比に応じた評価レベルを，入力倍率にて増減させた 1 日，30 日，365 日もまとめて示す．

これより，設定した設計クライテリアを充足するには，想定した 3%以上の減衰比が必要であることがわかる．今回のような大型車両が 1 台走行した場合は非定常的な振動となることが多く，応答低減係数の最大 0.57 倍が採用できれば，減衰比 0.5%でも H-III とすることも可能である．ただし，戸建て住宅では現時点で，振動特性が十分把握できていないこともあり，応答予測にもばらつきがあるため，応答低減係数を考慮せず評価することが適当と言える．

図 4.30 には，減衰比 3%の評価レベルを水平振動に対する住居系の性能マトリクスにプロットした結果を示す．

減衰比 3%では 1 日の評価レベルが H-I であり，性能グレード 3 と目標より高い性能になった．他の対象期間は性能グレード 2 に位置していることから，この結果をもっておおむね目標とした性能グレード 2 に相当していると判断し，建築主へ説明し合意に至った．

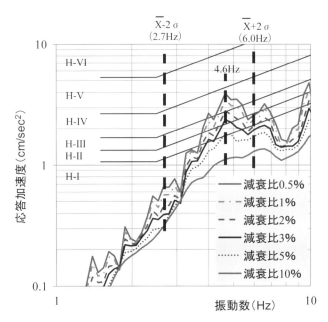

図 4.29　減衰比をパラメータとした加速度応答スペクトルと鉄骨造 3 階建ての固有振動数平均値±2σ の範囲

表 4.11　減衰比ごとの評価レベル

減衰比（%）		0.5	1.0	2.0	3.0	5.0	10.0
評価レベル	1 日	H-IV	H-III	H-II	H-I	H-I	H-I
	7 日（1 週間）	H-IV	H-IV	H-IV	H-III	H-II	H-I
	30 日（1 か月）	H-V	H-V	H-IV	H-IV	H-III	H-I
	365 日（1 年）	H-V	H-V	H-V	H-V	H-IV	H-III

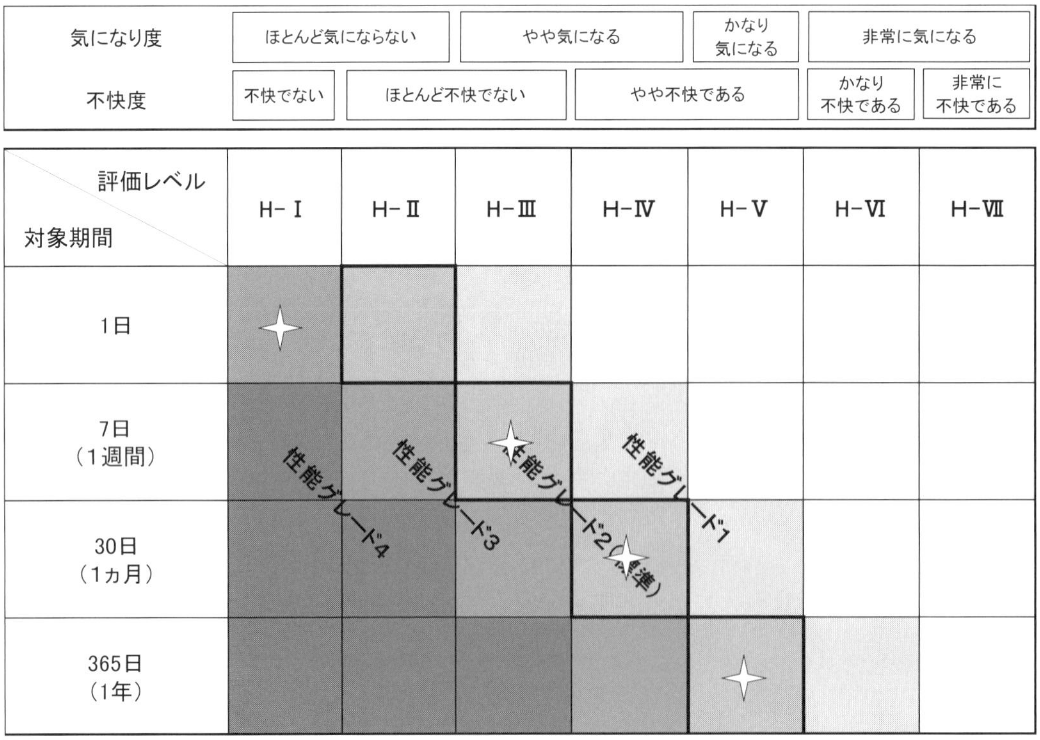

気になり度	ほとんど気にならない	やや気になる	かなり気になる	非常に気になる		
不快度	不快でない	ほとんど不快でない	やや不快である	かなり不快である	非常に不快である	

評価レベル／対象期間	H-Ⅰ	H-Ⅱ	H-Ⅲ	H-Ⅳ	H-Ⅴ	H-Ⅵ	H-Ⅶ
1日	✦						
7日（1週間）	性能グレード4	性能グレード3	✦	性能グレード1			
30日（1ヵ月）				✦ 性能グレード2（本例）			
365日（1年）					✦		

図 4.30　性能グレードの確認（固有振動数 4.6Hz，減衰比 3%）

h. 建築物性能確認のための振動計測

　竣工時に，設計段階で実施した計測時間帯における地盤および建築物 3 階床で振動計測を行い，固有振動数が鉄骨造 3 階建ての平均値 $\pm 2\sigma$ の範囲にあり，減衰比が 3% を上回っていたことを確認した．

i. むすび

　本項では，戸建て住宅（鉄骨造 3 階建て）を対象とし，加速度応答スペクトル法による道路交通振動に対する環境振動設計の例を示した．

　戸建て住宅は現時点で非構造体を含んだ剛性や減衰比を建築物ごとに設定することは難しく，建築物全体のモデル化や，時刻歴応答解析など高度な解析を用いて設計することはできない．このことから，現時点では，加速度応答スペクトル法による応答予測を用いて評価することが適当な方法であるといえる．

4.5　鉄道振動に対する考え方

4.5.1　概　　要

　鉄道の走行により発生する振動（以下，鉄道振動という）は，道路交通振動と同様に，振動源から地盤を伝搬して建築物に入力する．したがって，環境振動設計は図 4.7 に示した「道路交通振動に対する設計フロー」に準じて行う．ただし，鉄道振動には道路交通振動とは異なるいくつかの特徴があるため，ここではその特徴を踏まえ，設計フローの項目に対し，設計段階で注意すべき点を示す．

4.5.2　環境振動チェック時の留意点

　表 4.12 に鉄道振動のチェックリストを示す．鉄道振動では振動源特性を比較的簡単に予測できる場合が多いため，道路交通振動に比べ振動源特性に関する項目が多くなっている．

表 4.12　鉄道振動のチェックリスト

項目		チェック項目
建築用途		□住居　　□事務所　　□その他（　　　　　　　）
建築規模	階数・高さ	地上＿＿＿階, 地下＿＿＿階　　最高高さ＿＿＿m
	建築面積	＿＿＿＿m² （最大幅＿＿＿m）
構造種別		□S造　　□RC造　　□SRC造　　□木造　　□その他（　　　　）
構造形式		□ラーメン　　□ブレース付ラーメン　　□壁付ラーメン　　□壁式　　□その他（　　　　）
基礎形式		□直接基礎　　□杭基礎　　□布基礎　　□その他（　　　　）
立地特性	用途地域	□住居系　　□商業系　　□工業系
	軌道からの距離	□≦10m　　□10～20m　　□20～50m　　□＞50m　　【直近レールからの最短距離】
振動源特性	軌道形状	□平面　　□高架　　□地下　　□その他（　　　　）
	軌道本数	□単線　　□複線　　□複々線　　□その他（　　　　）
	軌道構造	□バラスト　　□スラブ　　□弾性　　□その他（　　　　）
	レール段差	□継目あり（遠・近）　　□分岐あり（遠・近）　　□なし
	走行車両	□特急・新幹線　　□快速・普通　　□貨物　　□その他（　　　　）　　【型式】
	走行速度	□≧80km/h　　□60～80km/h　　□40～60km/h　　□＜40km/h　　【最高&平均】
地盤特性	地盤種別	□第1種　　□第2種　　□第3種
	表層土質	□砂質　　□粘土質　　□砂礫質　　□その他（　　　　）

4.5.3　地盤振動の計測時の留意点

　地盤振動の大きさは，走行車両の型式・速度・重量・頻度や軌道条件に支配される．これら要因のうち，車両の型式・車体重量・走行頻度については鉄道事業者のウェブサイトや時刻表などから，走行速度や重量を左右する乗車率および軌道条件については事前の現地調査から推定できる．したがって，鉄道振動の計測では，道路交通振動以上に事前の準備が重要であるといえる．

　一般に，鉄道振動は車両重量が重いほど，走行速度が速いほど大きくなると言われており，振動が励起される原因としては，レールの継目や分岐などの段差あるいは波状摩耗などが考えられている．地表面の振動は，平面軌道や地下軌道では鉛直振動が，高架軌道では高架橋との連成で水平振動が卓越する場合が多いが，高架軌道と平面軌道が並行していたり，複数の地下軌道が二重三重に入り乱れていたりすることもあるため，計測計画の立案時には注意が必要である．

4.5.4　性能マトリクス作成時の留意点

　鉄道振動の検討において，一般に想定すべき対象期間は，温度条件の影響や繁忙期と閑散期の違いなどを考えると，道路交通振動と同様に 1 年（365 日）までが適当と思われる．ただし，長期間にわたる振動計測結果がほとんど公表されていない現時点において，対象期間と入力レベルを関連づけることは非常に難しい．したがって，性能マトリクスの作成にあたっては，地盤振動の計測において得られたデータを縦軸（対象期間）のどこに位置づけるかということも含め，設計者が判断することになる．設計者は自分の考えを建築主に伝え，合意を得たうえで性能マトリクスを完成させなければならない．なお，鉄道事業者からは，平面を高架に変更したり，走行車両を変更したりするなど，長期的な計画が公表されていることもあるため，将来の変更が明らかな場合には，その点も踏まえた合意形成が設計者には求められる．

　図 4.31〜4.33 に，振動の発生要因がレールの継目である場合の性能マトリクスの例を示す．一般に，継目のすき

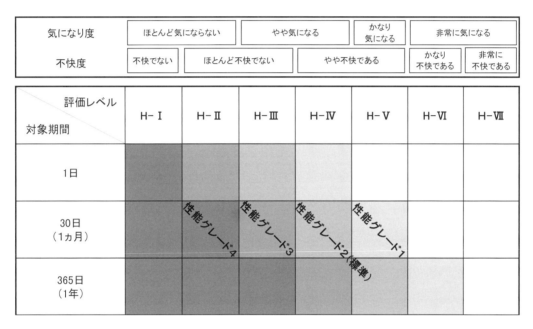

図 4.31　鉄道振動に対する水平振動の性能マトリクス（住居系）

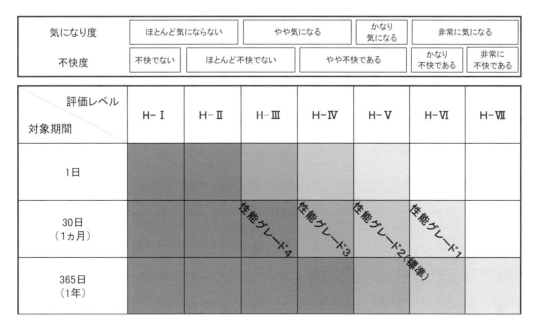

図 4.32　鉄道振動に対する水平振動の性能マトリクス（事務所系）

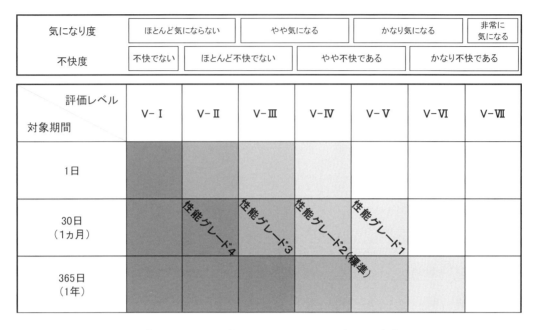

図4.33 鉄道振動に対する鉛直振動の性能マトリクス（住居・事務所系の床）

間（遊間）は気温に応じて変化し，夏場よりも冬場の方が10mm以上も広くなるため，その影響を考慮するために，縦軸の対象期間は1年（365日）までとした．また，対象期間1年に対し，外乱の違いが明確に表れる期間として1か月（30日）と1日を設定した．道路交通振動と比較すると，対象期間1週間（7日）がなくなり，縦軸は3段階となっている．これは，計画どおりに運行される鉄道の場合，走行状況が予想できない自動車に比べ，1日と1週間あるいは1週間と1か月の違いが小さいと判断したためである．なお，性能マトリクスの作成においては，建築物への入力レベルは対象期間が1日→30日→365日と長くなるにつれて大きくなることを想定している．

　図4.31～4.33に示した性能マトリクス中の性能グレードは，対象期間1日の振動に対する気になり度，不快度を基に設定した．水平振動については，建築物が住居系の場合には，対象期間1日の振動に対して「やや気になる」ものの「ほとんど不快でない」と感じるレベル（H-Ⅲ）をグレード2（標準）とし，事務所系の場合には，その一つ下のレベル（H-Ⅳ）をグレード2（標準）とした．また，対象期間が30日，365日と長くなるにつれて，グレード2の評価レベルは1段階ずつ悪くなるものとした．一方，鉛直振動については，住居系と事務所系とで性能評価図が分かれているため，対象期間1日の振動に対して「やや気になる」ものの「ほとんど不快でない」と感じるレベル（V-Ⅲ）を建築物用途によらずグレード2（標準）とした．また，水平振動と同様に，対象期間が30日，365日と長くなるにつれて，グレード2の評価レベルは1段階ずつ悪くなるものとした．

4.5.5　応答予測時の留意点

　居住性能評価規準[2]では，非定常的とみなせる振動については，最大応答加速度に振動の継続時間（$=VL_{10ms}$が55dB以上となる時間）に応じた応答低減係数を乗じて有効応答加速度を算出することが認められている．

　鉄道振動は道路交通振動と同様に非定常的な振動であり，振動の継続時間から応答低減係数を算出し適用することが可能である．鉄道振動は道路交通振動に比べ再現性の高い振動であると考えられるが，車両重量を左右する乗車率や上下線列車の微妙な時間のずれ等によって振動の継続時間は変化するものと考えられる．したがって，設計用入力の考え方にもよるが，振動の継続時間による応答低減を，設計段階で安易に使用することは避けるべきである．とくに，地盤振動の計測期間によらず，設計者判断で当該地盤振動の対象期間を決定した場合には注意が必要である．

4.5.6　振動対策立案時の留意点

　一般に振動対策は，発生源対策，振動伝搬経路対策，受振点対策に分類される．鉄道振動の場合，発生源対策，たとえば車両軽量化や速度制限あるいはレール段差の解消が最も有効であると考えられるが，これら振動源側の対策は鉄道事業者の範疇であり，建築物設計者にはどうすることもできない．したがって，設計者は振動伝搬経路または受振点で対策を講じることとなる．

　振動伝搬経路での対策としては，EPS や発泡ウレタンなどによる防振壁が考えられる．振動源が地下鉄の場合には，地表面の地盤振動は 60Hz 付近が卓越するため，固体伝搬音対策として発泡プラスチックや防振ゴムが敷設されることもあるが，これらの対策が体感振動の対策として有効な場合もある．

　受振点対策については，道路交通振動と同様に，固有振動数調整（剛性・質量変化）による共振現象の回避か TMD 設置による減衰付与が一般的である．

4.6 工場振動に対する考え方

4.6.1 概　　要

　計画地周辺に位置する工場の設備機器の稼働に起因し発生する振動（以下，工場振動という）は，その工場（振動源）から鉛直振動と水平振動が地盤を通って計画地まで伝搬するため，道路交通振動，鉄道振動と同様，工場振動に対する設計も「道路交通振動に対する設計フロー」（図4.7）と同様の手順で設計を進めることができる．

　工場振動の発生源となる設備機器には，金属加圧機（プレス機，鍛造機，せん断機など），圧縮機（コンプレッサー，タービンなど），原動機，破砕機や印刷工場での輪転機などが代表として挙げられる．

　工場振動は，図4.34に示すような同じような大きさで一定時間（状況によっては終日）連続して振動を発生する「定常的な振動」となることが多いのが特徴で，この点が道路交通振動や鉄道振動とは異なる．

　ここでは，設計フローの項目に対して，工場振動の特徴を踏まえ，設計段階で注意すべき点を示す．

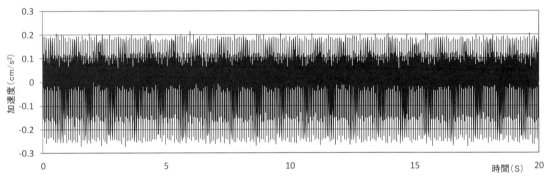

図4.34　定常的な振動－原動機による水平振動加速度時刻歴

4.6.2 環境振動チェック時の留意点

　表4.13に工場振動のチェックリストを示す．事前振動計測の実施に向けて，建築主や振動源として可能性のある工場へのヒアリングなどにより，工場に関する立地特性および振動源特性を的確にチェックすることが大切である．

表4.13　工場振動のチェックリスト

項目		チェック項目
	建築用途	□住居　　□事務所　　□その他（　　　　　　）
建築規模	階数・高さ	地上＿＿＿階，地下＿＿＿階　　最高高さ＿＿＿m
	建築面積	＿＿＿＿m²（最大幅＿＿＿m）
	構造種別	□S造　　□RC造　　□SRC造　　□木造　　□その他（　　　　　　）
	構造形式	□ラーメン　　□ブレース付きラーメン　　□壁付ラーメン　　□壁式　　□その他（　　　　）
	基礎形式	□直接基礎　　□杭基礎　　□布基礎　　□その他（　　　　　）
立地特性	用途地域	□住居系　　□商業系　　□工業系
	工場からの距離	□≦10m　　□10～20m　　□20～50m　　□＞50m
	工場の数	□単独　　□複数
振動源特性	設備機器	□金属加圧機　　□圧縮機　　□粉砕機　　□輪転機　　□その他（　　　　）
	工場規模	□大　　□中　　□小　　（特記事項　　　　　　　）
	稼働時間帯	□昼間　　□夜間　　□終日　　（特記事項　　　　　　　）
地盤特性	地盤種別	□第1種　　□第2種　　□第3種
	表層土質	□砂質　　□粘土質　　□砂礫質　　□その他（　　　　　）

4.6.3 地盤振動の計測時の留意点

一概に工場と言っても，工場規模の大小，業種・業態が多種多様で，そこから発生する工場振動は設備機器の種類や規模などで異なるため，工場規模が大きいから発生する，規模が小さいから発生しないということではない.

工場振動発生の時間帯は工場の稼働時間帯と考えられ，早朝，昼間，夜間，24 時間，稼働形態は連続，定時，1 か月や 1 年に一度，必要時のみなどさまざまである. これらを踏まえ，以下の点に留意する必要がある.

a. 地盤振動の計測の時期

工場振動に対しての地盤振動の計測を行う際は，対象となる工場にどのような設備があるか，設備の稼働状況により，計測の日付，曜日，時間帯や継続時間を決定することが必要である. 対象となる工場の管理者の協力があれば，適切な実施日時等が決定でき，より正確に地盤振動を確認することができる. ただし，稼働が 1 か月や 1 年のような稀なときは，その振動計測が難しいため，1 日や 1 週間に一度の稼働時に振動計測を行い，振動の大きさを基に表 4.3 に示した入力倍率を参考にするなどで地盤振動の大きさを適切に設定する必要がある.

b. 地盤振動の計測位置

計画地周辺に複数の工場が位置する場合や 1 工場でも複数の設備機器が稼働する場合は，単独で設備機器が稼働する場合と比べると，稼働状況により，発生する地盤振動の大きさ，振動数および計画地に伝搬してくる振動の方向などが変化することがある. この点に留意して地盤振動の計測位置を複数の振動源からの振動をまとめて捉え，計画建築物の中央付近の地盤を計測点とする. あるいは，対象となるそれぞれの工場からの振動に対して振動伝搬経路上の場所を計測点とすることなどが考えられる.

c. 地盤振動の計測対象

地盤振動の発生が明らかな場合は，地盤振動の計測を実施することが必要である. 振動源からの距離が離れている，発生している振動が小さいなど，建築物で発生する振動に影響を与える可能性が低いと考えられる場合でも，計画する建築物と共振現象によって，建築物内で振動が大きくなることも十分考えられるため，できるだけ対象を絞らず地盤振動の計測を実施することが望ましい.

4.6.4 性能マトリクス作成時の留意点

性能マトリクス作成では，縦軸の対象期間（入力レベル）の設定と，その入力レベルに応じた評価レベルより性能グレード 2（標準）の位置を決定することがポイントとなる. ここでは，工場振動の縦軸と性能グレード 2（標準）の位置の決定における留意点をまとめる.

a. 対象期間（入力レベル）の決定

建設地に伝搬する地盤振動を入力レベルとし，その振動の発生する頻度を対象期間としていることから，同一作業で毎日同じ大きさの地盤振動のみを発生する工場では，対象期間は 1 つに絞ることも可能である.

一方，頻度は少ないが，同じ設備機器を使って通常より大きな地盤振動（入力レベル）となる場合，たとえば，金属加圧機器で，常時より板厚の厚い製品加工のために大きな加圧力が必要な場合では，その地盤振動が発生する対象期間を設定することが重要である. 周辺に複数機器があり同時稼働で地盤振動が大きくなる場合も同様である.

ここでは，工場の設備機器の通常の稼働だけでなく，1 週間，1 か月，1 年に一度程度で設備機器の加圧力の異なる稼働があるとし，対象期間を 1 日，7 日（1 週間），30 日（1 か月），365 日（1 年）とした性能マトリクスの例を図 4.35 〜4.37 に示す.

b. 性能グレード 2（標準）の決定

工場で発生した地盤振動に対して，建物内で発生する振動を想定できる場合は，その振動に応じた評価レベルを設定することになる. しかし，道路交通振動と同様，建物内で発生する振動を想定することは容易ではない. このため，建築物が住居系の場合，水平振動に関しては，対象期間 1 日に対する評価レベルを「ほとんど気にならない」かつ「ほとんど不快でない」となる H-II，7 日を「やや気になる」かつ「ほとんど不快でない」となる H-III とし，これら 2 点を通る斜めのラインをグレード 2（標準）と定め，その他の性能グレードを含め図 4.35 のように設定した. 事務所系では，図 4.36 のようにグレード 2（標準）の斜めのラインを住居系から右に 1 区分ずらした.

鉛直振動は性能評価図で住居系と事務所系が分かれているので，水平振動の住居系と同じ斜めラインを図 4.37 のよ

うに住居系，事務所系ともにグレード2（標準）とした.

　ただし，実際には工場の稼働状況はさまざまであり，ここで示した対象期間に対応する地盤振動の大きさは異なる. このため，稼働状況に応じた対象期間の設定と建物内で生じる振動の想定に基づき，建築主と協議のうえで性能グレード2（標準）を設定することが推奨される.

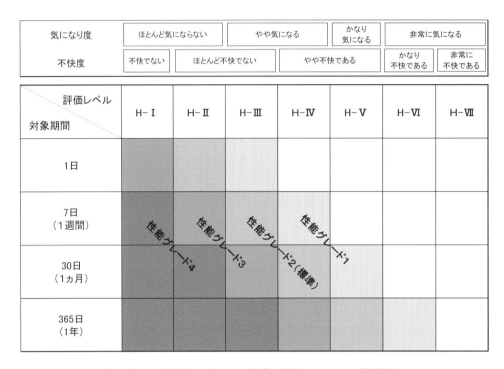

図4.35　工場振動に対する水平振動の性能マトリクス（住居系）

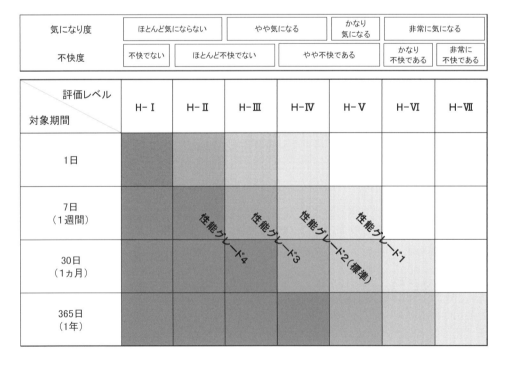

図4.36　工場振動に対する水平振動の性能マトリクス（事務所系）

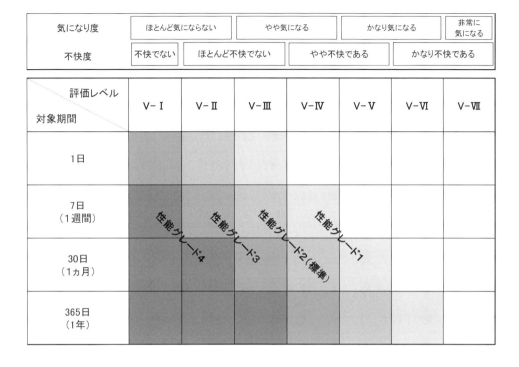

図 4.37　工場振動に対する鉛直振動の性能マトリクス（住居系・事務所系）

4.6.5　応答予測時の留意点

　居住性能評価規準[2]において，「非定常的な振動」は，評価対象階での VL_{10ms} が 55dB 以上となる継続時間によって応答加速度振幅の低減が可能となることが示されている．しかし，工場振動は「定常的な振動」となることが多いことから，この加速度振幅の低減ができないことも多い．

　図 4.38 に金属加圧機（プレス機）が稼働する工場を振動源とした敷地境界上の地盤における上下方向加速度時刻歴を示す．この加速度時刻歴では 1.5cm/s² 程度の振動が連続しており，工場振動でイメージしやすい定常的な振動と見ることができる．

　図 4.39 には図 4.38 の 0〜20 秒を拡大した 3 波を含む加速度時刻歴を示す．3 波のピーク発生時間がそれぞれおおむね 2.2 秒，8.6 秒，14.9 秒で，その間隔は 6.3〜6.4 秒程度である．居住性能評価規準では，振動発生間隔が 5 秒以上の振動は独立した「非定常的な振動」として扱うことが示されているので，図 4.39 に示した振動は非定常的な振動に相当し，ひと山ごとに応答低減が可能となる．

　工場振動でもこのような断続的な「非定常的な振動」が発生する場合もあり，すべてを「定常的な振動」として捉えることはできない点に留意する必要がある．ただし，図 4.38，図 4.39 で示した加速度時刻歴は，地盤上のものであり，これが建築物内に伝搬した際に，振動が増幅され，振動間隔が 5 秒以下となれば「定常的な振動」となる．

　さらに，「非定常的な振動」として応答低減を見込むことが可能な場合でも，工場振動のように数時間，終日振動が継続的に発生するような場合は，長時間にわたり振動を受け続けることによる不快感を訴える場合もあるため，長時間の連続振動には注意を払う必要がある．

　「非定常的な振動」に対して，応答低減を見込むか，見込まないかを建築主へ提案することも設計者の役割と考える．

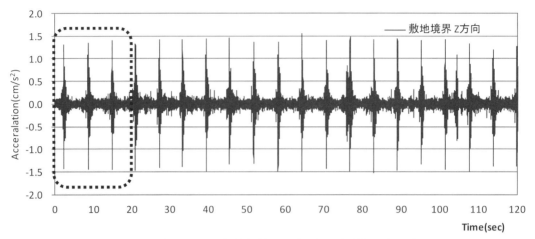

図 4.38　敷地境界上地盤の加速度時刻歴（金属加圧機稼働工場）鉛直振動

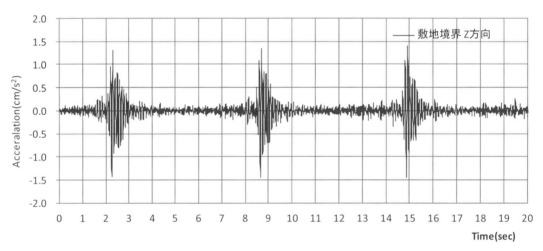

図 4.39　敷地境界上地盤の加速度時刻歴（金属加圧機稼働工場）鉛直振動　拡大

4.7　外部人工振動源の環境振動設計に関する現状と課題

　道路交通振動などの外部人工振動源に対する環境振動設計は，設計体系が比較的確立されていない分野であるため，本書「設計の手引き」では設計の基本的な考え方を提示することを目的とし，設計者がさまざまな留意点を踏まえ，自らの判断により適切かつ合理的な検討を行い，建築主への説明と建築物使用者の環境振動に対する居住性能の向上に繋げることを期待している．

　以下では，外部人工振動源の環境振動設計を行う際の現状と課題を整理する．

a. 設計用入力の現地振動計測

　設計用入力の振動計測は，その計測計画や計測機器の設定に高度な専門的知識と経験を必要とするため，専門家と十分な協議を行う必要がある．さらに，現地での振動計測計画の立案や計測および解析の実施には時間を要するため，設計スケジュールとの調整や費用の確保が大きな課題となる．

b. 設計用入力の設定

　敷地境界で得られた加速度時刻歴を入力として用いる場合，敷地境界から建築物基礎位置までに距離減衰が生じ，さらに基礎での入力損失も生じる．設計者はこれらを考慮し，設計用入力の設定を耐震設計で得られた知見を参考に定める必要がある．

　なお，空間的に限定された現地での振動計測により得られた加速度時刻歴を自由地盤の地震動と同様に扱ってよいか，今後の研究の進捗に期待するところである．

c.　振動解析モデル

　外部人工振動源では，建築物，基礎，地盤の連成を考慮した振動解析モデルを用いる必要がある．このため，地盤，架構，部材のどこを重点的に検討するかに応じて，適切な解析モデルを使い分けることが極めて重要になる．

d. 振動の評価

　「非定常的な振動」は，受振点での応答を低減することが可能であるが，発生する振動を単なる数値的な処理だけでなく，振動発生状況，用途や居住性能という観点などから設計者が適切に評価することが大切であり，このような感性に近い技術スキル向上も環境振動設計には重要である．

参 考 文 献

1) 東田豊彦：外力軸と設計の概要（交通振動），性能マトリクスを用いた環境振動設計，第 35 回環境振動シンポジウム，日本建築学会，pp. 45-50，2017.1

2) 日本建築学会：日本建築学会環境基準　建築物の振動に関する居住性能評価規準・同解説，2018

3) 日本建築学会：建築物における環境振動測定・分析に関する資料，2019.3，
　　https://www.aij.or.jp/gakujutsushinko/f-a00/fc00-12/fc10-12.html，2019.6 参照

4) 日本建築学会：入門・建築物と地盤の動的相互作用，1996

5) 日本建築学会：建築物と地盤の動的相互作用を考慮した応答解析と耐震設計，2006

6) 山原浩：環境保全のための防振設計，彰国社，1974

7) 櫛田裕：環境振動工学入門 －建築構造と環境振動－，理工図書，1997

8) 小豆畑達哉，井上波彦ほか：地震観測に基づく地盤－建築構造物の動的相互作用に関する研究，建築研究資料 No. 167 号，第 4 章，pp. 4-1-4-27，2015.10

9) 原田隆典ほか：有効入力動の設計式とその実測例による検討，土木学会論文集，第 362 号，Ⅰ-4，pp. 435-440，1985.10

10) 日本道路協会：道路環境整備マニュアル，1989.1

11) 原田浩之：外部振動源(道路交通など)に対する設計例，第 37 回環境振動シンポジウム　環境振動設計指針の策定に向けて －設計と計測－，日本建築学会，pp. 53-64，2019.1

12) 広瀬道孝，石井清，塩谷清人：振動環境と建築構造，騒音制御 Vol.6,No.3，pp. 15-20，1982.6

13) 東田豊彦：戸建て 3 階建て住宅の環境振動設計の現状，建築物振動に関する安全性と居住性，第 34 回環境振動シンポジウム，日本建築学会，pp. 21-30，2016.2

14) 東田豊彦，平尾善裕，杉本健一，国松直：戸建て住宅の環境振動における性能評価レベル推定の考え方，日本建築学会大会学術講演梗概集（北陸），2019.9

15) 佐武直紀，扇谷匠己，島岡俊輔，平田裕一，新宮清志，宋成彬：シンポジウム　建築物の減衰と振動 －今どこまでわかっているか，何が問題か－，各種建築物の実測減衰データベースの概要，日本建築学会，pp. 49-55，2017.9

第5章　設計確認のための振動計測

5.1　設計における計測の意義

　環境振動設計における振動計測は，設計フローの最後に位置づけられており，設計対象領域における振動伝搬経路の入力と応答を計測し，振動伝搬特性を特徴づける固有振動数と減衰比を同定するために行われる．環境振動で扱われるさまざま振動源に対する振動伝搬特性を統一的に把握するには，時を選ばずに比較的短時間で計測できる方法が便利である．そのため，設計確認のための振動計測では，日常的に発生している周囲振動[1]の計測を基本とする．市街地のように24時間交通振動が絶えないような場合でも，特定の振動源の影響がノイズとなる常時微動の計測とは異なり，周囲振動の計測では交通振動などの特定振動源からの振動も含めて計測できる．さらに，定常的な振動とみなせる程度まで計測時間を十分長くとることにより，常時微動と同様な方法で建築物の動的特性を同定することができる．振動源ごとに計測を行うのではなく，建築物の全体架構と部材の動的特性を一括して同定できるという点で，設計確認のための振動計測として利用価値は高い．設計確認のための振動計測では，計測により同定された固有振動数が設計で用いた振動解析モデルの固有振動数とおおむね対応しているか，また，減衰比が振動解析モデルで設定した減衰比より大きくなっているか（安全側か）をそれぞれ検討し，振動解析モデルによる応答予測の妥当性を確認する．

5.2　設計確認のための振動計測

　環境振動設計においては，多様な振動源に対して建築主が要求した居住性能を確保するために，振動解析モデルを用いて架構の全体振動あるいは梁・床の局部振動の応答予測が行われる[2]．稀に発生する強風や地震動とは異なり，日常的に発生している内部人工振動源や外部人工振動源に対する振動に関しては，竣工時の振動計測により，振動解析モデルを用いた応答予測の妥当性を比較的容易に確認することができる．しかし，これまで振動計測により応答予測の妥当性を確認するという作業は，ほとんど行われていない[3]．一方で，竣工後のクレーム対策の一環として，歩行・走行や交通振動など，特定の振動源に対する計測はしばしば行われている[4]．

　設計確認のための振動計測では，応答予測に用いた振動解析モデルの妥当性の確認という観点から，不特定の振動源に対しても効率良く計測する必要がある．本章では，複数の振動センサを用いてセンサネットワークを形成し，建築物内外で日常的に発生している周囲振動を対象として，一回の計測で建築物の架構の全体振動あるいは梁・床の局部振動における動的特性を包括的に把握する方法を示す．

　なお，外部人工振動源の設計用入力を設定するための計測については，4章「外部人工振動源に対する環境振動設計」を参照願いたい．

5.2.1　計測方法

　応答予測に用いた振動解析モデルの妥当性を確認するために行う振動計測の考え方を図5.1に示す．本項では，振動計測のために設置するセンサの設置位置の選定方法を振動源ごとに示す[5]．なお，使用するセンサは，周囲振動を精度良く計測できるのであれば，地震計，常時微動計，振動レベル計，MEMS加速度計など，いずれでもよい．

a．自然振動源

　自然振動源に対する振動解析モデルと振動計測のためのセンサの設置位置の概念を図5.1(a)に示す．自然振動源に対する設計対象領域は建築物の全体架構であり，計測する応答は床スラブの水平加速度になる．風に対する振動計測では，上部構造の複数の床スラブを応答評価点としてセンサを設置し，それぞれの水平加速度を計測する．このとき，応答評価点には，屋上または最上階を含むことが望ましい．風の入力加速度は計測できないため，複数の応答評価点における計測データの相関解析などを用いて全体架構の固有振動数と減衰比を同定する．地震動に対する振動計測では，

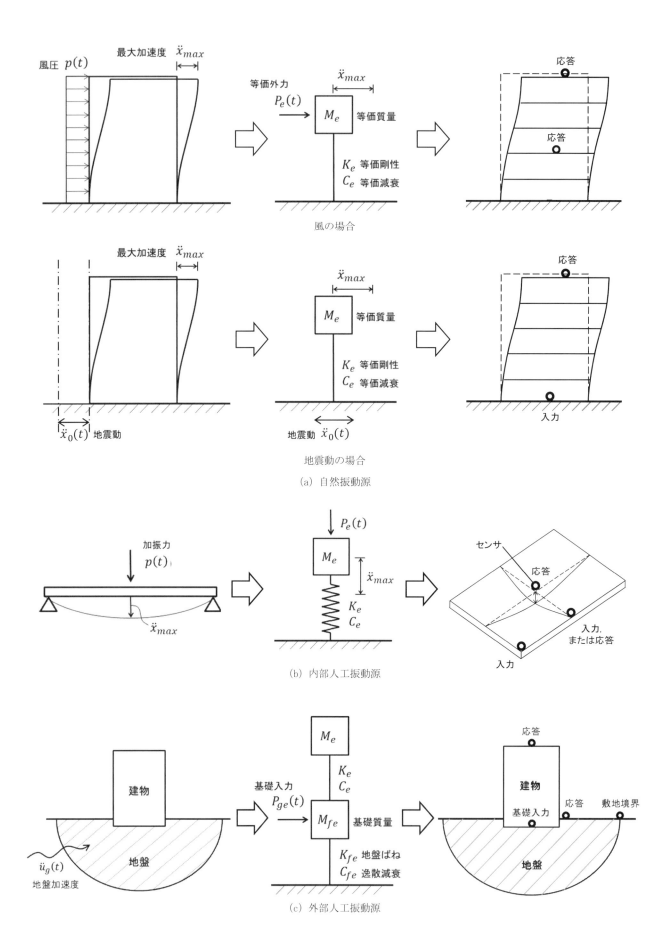

図 5.1　振動解析モデルと振動計測の考え方

1 階または地階の床スラブを入力とし，上部構造の床スラブの応答を出力として水平加速度を計測する．全体架構の固有振動数と減衰比は，フーリエ変換などを用いて 1 階または地階の床スラブ上に対する上部構造の床スラブの伝達関数から同定する．伝達関数は，入力と出力の応答倍率として評価する．

b. 内部人工振動源

　内部人工振動源に対する振動解析モデルと振動計測のためのセンサの設置位置の概念を図 5.1(b)に示す．内部人工振動源の設計対象領域は主に床スラブであり，計測する応答は床スラブの鉛直加速度になる．床版を囲む 4 辺の大梁の剛性が大きい場合は，周辺の大梁上の鉛直加速度を入力とし，応答は床中央の鉛直加速度を計測する．梁のスパンが大きく，梁と床が一体となって振動する場合は，柱近傍の剛域における鉛直加速度を入力とし，応答は床中央と梁中央の鉛直加速度を計測する．床スラブの固有振動数と減衰比は，フーリエ変換などを用いて入力に対する応答の伝達関数から同定する．

c. 外部人工振動源

　外部人工振動源に対する振動解析モデルと振動計測のためのセンサの設置位置の概念を図 5.1(c)に示す．外部人工振動源の場合は，地盤振動の影響を考慮した全体架構と床スラブで構成される振動解析モデルが用いられる．外部人工振動源に対する設計対象領域は，敷地地盤を含む全体架構および床スラブであり，計測する応答は，床スラブの水平加速度と鉛直加速度になる．地盤振動の影響は，敷地内の距離減衰，基礎の入力損失および地盤ばねとして評価される．地盤ばねは鉛直振動に対しては軸ばね，水平振動に対してはスウェイばねやロッキングばねが用いられる．振動計測に基づく地盤ばねの同定方法も多く提案されている[6),7)]．全体架構と部材の振動伝搬特性を考えるときの入力位置は，建築物の基礎になる．全体架構と床スラブの固有振動数と減衰比は，フーリエ変換などを用いて，基礎入力に対する架構の伝達関数および架構に対する床スラブの伝達関数からそれぞれ同定する．

5.2.2 データ処理

　計測データの処理の流れを図 5.2 に示す．周囲振動の計測時間は，データ処理の効率や計測可能時間帯を考えて決定する．通常，設計で対象とする各振動源において必要な計測時間は異なり，内部人工振動源，外部人工振動源，自然振動源の順に長くなる．計測回数は，再現性を確認するために 2 度以上とすることが望ましい．計測時のサンプリング振動数は，対象とする架構あるいは部材の固有振動数よりも十分大きく，かつ加速度時刻歴の波形が精度良く再現できるように十分に余裕をもった周波数範囲を考慮することはもちろん，加速度時刻歴に含まれる最大振動数に対してフーリエ変換のナイキスト振動数が小さくならないよう（エイリアシングの影響を受けないよう）に決定する．計測データの時間刻みは，サンプリング振動数の逆数になる．高速フーリエ変換を用いる場合は，データ数が 2 の累乗になるようにセグメント分割する．

　計測データにはさまざまなノイズが含まれるため，固有振動数と減衰比を精度良く同定するためには，適切にノイズを低減する必要がある．ノイズを低減する方法としては，フィルタを用いて平滑化を行う方法や計測データをセグメント分割してスタッキング処理を行う方法などがある．地震動のように継続時間が限定されている場合は，一般にフィルタ処理が用いられる．フィルタ処理は，元データに比べて固有振動数の判別がしやすくなるというメリットはあるが，振動特性を加工してしまうために正確な減衰比の同定が難しくなるというデメリットもある．このため，継続時間が長い風に対する建築物の応答では，計測データをセグメント化し，時間領域でスタッキング（重ね合わせ）する RD 法などを用いて精度の高い減衰評価が行われている．設計確認のための振動計測においては，データ処理の効率化を考えて，計測データをセグメント化した後，高速フーリエ変換を利用して周波数領域でスタッキングする方法が有効である．精度良く減衰比を同定するためには，十分な回数のスタッキングが必要になる．なお，特定の振動源のみを対象とするような場合は，対象とする振動の継続時間も短く，スタッキング処理が行えないこともある．このような場合は，フィルタ処理により固有振動数と減衰比を同定してもよい．

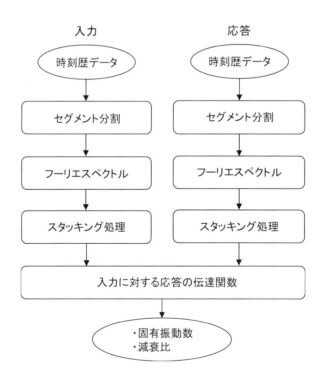

図 5.2 標準的なデータ処理の流れ

5.3　計測例Ⅰ：鉄筋コンクリート造　地上8階　地下1階建ての事務所ビル

　風や地震動のような自然振動源に対する建築物の振動計測においては，全体架構の振動が対象となる．ここでは，建築物の周辺で道路交通振動や鉄道振動が頻繁に発生している環境下において，周囲振動を計測し，全体架構の水平振動に関する固有振動数と減衰比を同定した例を示す．

5.3.1　建物概要

　対象とした建築物は地上8階建て（両端にペントハウス）・地下1階の鉄筋コンクリート造事務所ビル[8]である．図5.3に示すように，敷地の西側にかなり交通量の多い一般道路（片側2車線）が走り，敷地の南側には頻繁に列車が通過する複数の在来線軌道と新幹線高架橋がある．

　西側立面図を図5.4に，基準階床伏図を図5.5に示す．本建物は，南北にコアを配したサイドコア形式の建築物で，コアは壁構造，事務所スペースはラーメン構造である．長辺方向は8スパンで，ラーメン構造の柱スパンは7.1m，両サイドのコア部分は幅6.65mである．短辺方向は3スパンで，柱スパンは中央8.25m，両サイド7.45mである．コアの剛性が大きいため，全体振動に寄与する建築物の水平剛性は，長辺方向に比べて短辺方向の方が大きくなる．階高は1階4.4m，2〜8階3.5m，ペントハウスは10.5m（基準階3層分），地階は5.5mである．地階の下にピットを設けて直接基礎で支持しており，基礎スラブの底面はGL-7.65mである．

5.3.2　センサネットワークの形成

　可搬型常時微動センサを用いてセンサネットワークを形成し，近接する道路と鉄道で発生する交通振動を含む周囲振動を建物内部で計測した．使用したセンサ数は6基である．センサは1方向計測のサーボ型速度計であり，目的に応じてセンサの向きを長辺方向（x方向），あるいは短辺方向（y方向）に合わせて計測を行った．なお，この計測では全体架構の水平振動のみに着目し，鉛直振動は扱っていない．

　常時微動計のセンサは1方向しか測れないため，図5.6に示すように，地下1階，4階，8階の建物中央にセンサを2台ずつ設置し，水平2方向の振動を同時計測できるようにした．サンプリング振動数は200Hz（時間刻み0.005秒），

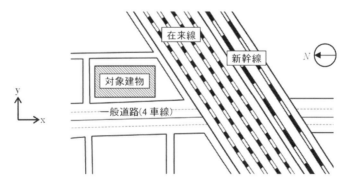

図5.3　対象建物の周辺状況

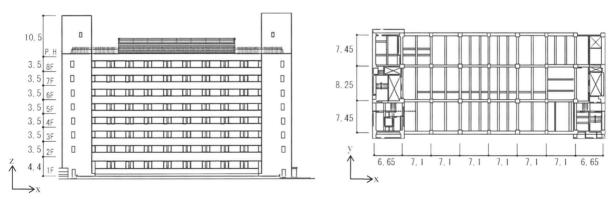

図5.4　西側立面図（単位：m）　　　　　　　　　　図5.5　基準階床伏図（単位：m）

計測時間は480秒（8分）とした．計測は2度行ったが，どちらの計測データを用いても同じ結果となり，再現性が確認された．ここでは1度目の計測結果を示す．

5.3.3 計測データの処理と検討

地下1階，4階，8階の加速度時刻歴を図5.7に示す．長辺方向と短辺方向ともに不規則な波形が継続して記録されているが，波形の包絡線を描いてみると，振幅が大きくなる時間帯が何か所か見られる．とくに地盤と接する地下1階の短辺方向の波形を見ると，その傾向が明瞭に把握できる．この時間帯が建築物に近接する自動車道路あるいは鉄道軌道から伝搬した交通振動である．自動車道路からの振動は継続時間が短く衝撃的な波形，鉄道軌道からの振動は継続時間が長く連続的な波形になっている．それ以外の時間帯は振幅がほぼ一定で小さいが，この小さい振幅が常時微動である．建物内で計測された周囲振動には，常時微動と交通振動が混在しており，この建築物は途切れることなく交通振動にさらされている振動環境にあることがわかる．周囲振動に対する建築物の応答を見ると，4階と8階の加速度振幅には大きな差がなく，最上階と中間階で感じる振動の強さは同程度になっている．地下1階における長辺方向と短辺方向のフーリエスペクトルを図5.8に示す．15Hzあたりを中心に10Hzから20Hzにかけて大きな盛り上がりが見られる．この振動数範囲が，建築物の敷地地盤の卓越振動数である．

自然振動源としての地震動に対する振動伝搬特性を把握するために，フーリエ変換により地下1階に対する4階と8階の水平2方向の伝達関数をそれぞれ求め，図5.9に示す．入力と出力の伝達関数はフーリエスペクトル比[9]により求める．長辺方向（x方向）も短辺方向（y方向）も1次から3次までの固有振動数のピークが明瞭に立ち上がっている．風に対する振動伝搬特性を把握するために，フーリエスペクトルを用いた相関解析の一手法である特異値分解[10]により水平2方向の最大特異値を求め，図5.10に示す．長辺方向と短辺方向の1次から3次までの固有振動数のピークがともに立ち上がっていることがわかる．伝達関数と特異値分解により1次から3次の固有振動数を同定した結果を表5.1に，伝達関数から1次の減衰比を$1/\sqrt{2}$法[9]により同定した結果を表5.2にそれぞれ示す．

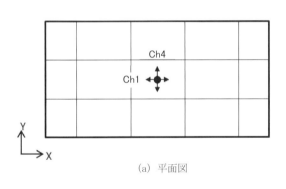

(a) 平面図

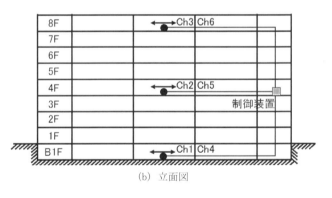

(b) 立面図

図5.6 センサの設置位置

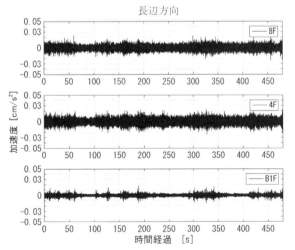

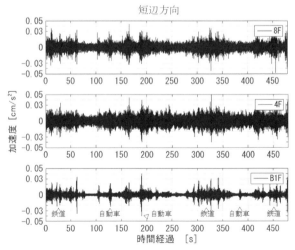

図5.7 交通振動における加速度時刻歴データ

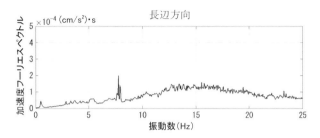
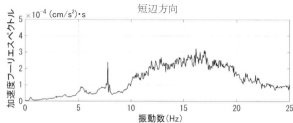

図5.8　地下1階の加速度フーリエスペクトル

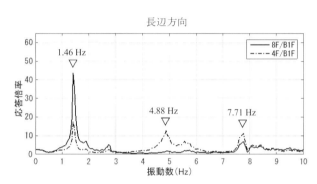
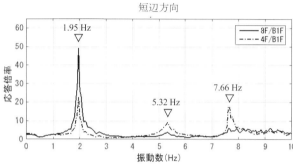

図5.9　地下1階に対する4階と8階の水平2方向の伝達関数

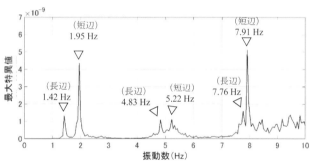

図5.10　特異値分解による水平2方向の最大特異値

表5.1　伝達関数と特異値分解により同定した1～3次固有振動数

			1次固有振動数 [Hz]	2次固有振動数 [Hz]	3次固有振動数 [Hz]
伝達関数	長辺方向 (x方向)	4F/B1F	1.46	4.88	7.71
		8F/B1F			
	短辺方向 (y方向)	4F/B1F	1.95	5.32	7.66
		8F/B1F			
特異値分解	長辺方向 (x方向)		1.42	4.83	7.76
	短辺方向 (y方向)		1.95	5.22	7.91

表5.2　長辺方向と短辺方向の1次モードの減衰比

			減衰比 [%]
伝達関数	長辺方向 (x方向)	4F/B1F	2.96
		8F/B1F	3.12
	短辺方向 (y方向)	4F/B1F	1.65
		8F/B1F	1.64

5.4 計測例Ⅱ：鉄骨鉄筋コンクリート造7階建ての事務所ビル

　交通振動や工場振動のような外部人工振動源に対する振動計測においては，全体架構と床スラブの振動が対象となる．歩行振動や設備機器のような内部人工振動源に対する振動計測においては，床スラブの振動，あるいは部分架構と床スラブの振動が対象となる．ここでは，建築物の周辺で道路交通振動が発生している振動環境下において，周囲振動を計測し，全体架構の水平振動に関する固有振動数と減衰比，および床スラブの鉛直振動に関する固有振動数と減衰比を一括して同定した例を示す．

5.4.1 建物概要

　対象とした建築物は7階建ての鉄骨鉄筋コンクリート造の事務所ビル[1]である．図5.11に示すように，敷地の東側にやや交通量の多い一般道路（片側1車線）が走り，そこから敷地内道路で約50m入ったところに対象建物の出入口がある．

　基準階の平面図を図5.12に，南側立面図を図5.13に示す．本建物は，東西にコアを配した両端コア形式の建築物で，コアは鉄筋コンクリート造の耐力壁付きラーメン構造，事務所スペースは鉄骨鉄筋コンクリート造のラーメン構造である．両端コアの剛性が大きいため，全体振動に寄与する建築物の水平剛性は，長辺方向（x方向）に比べて短辺方向（y方向）が大きくなっている．ラーメン構造の長辺方向の柱スパンは5.4mと短く，短辺方向の柱スパンは12mと長い．このため，局部振動として短辺方向の大梁の鉛直振動が励起される可能性が高いと考えられる．

5.4.2 センサネットワークの形成

　可搬型MEMS加速度センサを用いてセンサネットワークを形成し，建築物内外で日常的に発生している周囲振動を計測した．センサの配置は，敷地境界から対象建物までの地盤の距離減衰の把握，基礎の入力損失，対象建物の全体架構の振動増幅特性および床スラブの局部振動の増幅特性を一回の計測で把握できるように決定した．地上レベル（地盤

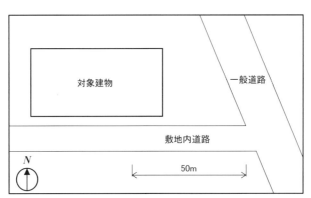

図5.11 対象建物の周辺状況

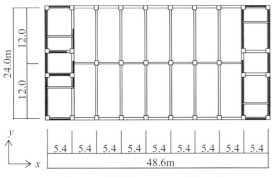

図5.12 基準階の平面図（単位：m）

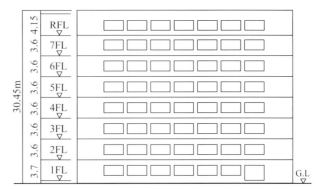

図5.13 南側立面図（単位：m）

と建物）に 3 基，建物 5 階に 3 基のセンサをそれぞれ配置し，ハブステーションに有線ケーブルで並列配線した．ハブステーションではすべてのセンサの振動データを記録するとともに，それぞれに GPS を組み込むことによりセンサ間の同期計測を図った．

　センサ 6 基とハブステーション 2 台の設置位置を地上レベルと建物 5 階に分けて図 5.14 に示す．地上レベルのセンサ番号は①〜③，建物 5 階のセンサ番号は④〜⑥である．地上レベルでは，①が一般道路に近い敷地境界の近傍（正門脇），②が対象建築物の出入口に近い敷地内道路の縁，③が建築物 1 階の外柱近傍の床上である．建物 5 階では，④が計測期間中は立入禁止とした会議室の外柱近傍の床上，⑤が同室の短辺方向大梁中央近傍，⑥が同室の床中央である．なお，敷地地盤に設置した①と②のセンサは舗装された地盤上に，③と④はそれぞれ 1 階と 5 階の同じ上下ライン上の外柱近傍の床上に設置した．

　MEMS 加速度センサには，水平 2 方向・上下 1 方向が同時に計測可能な 6 基の高精度センサを用いた．サンプリング振動数は 1024Hz，計測時間は 15 分間とし，計測後すぐに加速度時刻歴の波形の確認と高速フーリエ変換による振動数特性の確認を行った．計測はデータの再現性を確認するために 2 度実施した．

5.4.3　計測データの処理方法

　2 度の計測結果はほとんど同じになり，データの再現性が確認できたので，以下では 1 度目の計測結果を示す．計測した時刻歴データの中から最も交通量が多かった 9 分間のデータを抜き出し，1 セグメントの時間長さを 16 秒（データ長 16384 個）として 500 セグメントに分割（セグメント同士の重なる時間長さは 15.04 秒）した．各セグメントを高速フーリエ変換して加速度フーリエスペクトルを求め，スタッキング処理して振動数特性を検討した．

　敷地内の地盤振動，建築物の全体振動と局部振動の増幅・減衰特性をそれぞれ把握するために，センサ間の振動伝搬特性に着目した．地盤振動に関しては，①と②を比較して敷地境界から建物出入口近くまでの距離減衰を，②と③を比較して建物基礎による入力損失を確認した．全体架構の振動に関しては，③と④の伝達関数を求め，建築物の長辺方向と短辺方向の水平振動の振動伝搬特性を確認し，全体架構の各方向の 1 次の固有振動数と減衰比を同定した．床振動に関しては，④と⑤の伝達関数を求め，柱近傍の剛域から短辺方向の大梁中央までの振動伝搬特性を確認し，大梁の 1 次の固有振動数と減衰比を同定した．さらに⑤と⑥の伝達関数を求め，短辺方向の大梁中央から床中央までの振動伝搬特性を確認し，床版の 1 次の固有振動数と減衰比を同定した．

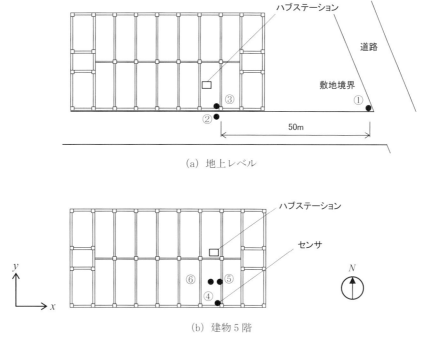

図 5.14　センサとハブステーションの設置位置

5.4.4 計測結果と検討

a. 地盤振動の把握

　敷地境界①と建物近傍地盤②における鉛直加速度のフーリエスペクトルを重ね書きして図 5.15 に示す．広い振動数範囲にわたり，建物近傍地盤のスペクトル振幅は敷地境界のスペクトル振幅に比べて大幅に小さくなっており，地盤振動の距離減衰効果が確認できる．

　建物近傍地盤②に対する 1 階外柱近傍床③の鉛直加速度の伝達関数を求めて図 5.16 に示す．1 階外柱近傍床のスペクトル振幅は建物近傍地盤に比べて 15Hz 以上の高振動数領域で小さくなっており，基礎の入力損失が確認できる．

b. 全体振動の把握

　1 階外柱近傍床③に対する 5 階外柱近傍床④の水平加速度の伝達関数を求め，図 5.17 に示す．長辺方向（x 方向）のフーリエスペクトルには 2.1Hz と 3.9Hz，短辺方向（y 方向）のフーリエスペクトルには 2.9Hz と 3.9Hz にそれぞれ明瞭なピークが見られる．これらのピーク振動数から全体架構の長辺方向の 1 次固有振動数は 2.1Hz，短辺方向の 1 次固有振動数は 2.9Hz，長辺方向と短辺方向ともに現れる 3.9Hz のピークは 1 次のねじれ振動と考えられる．短辺方向の 1 次固有振動数は長辺方向の 1 次固有振動数よりも高くなっており，応答倍率は固有振動数が低い長辺方向で大きくなっている．

c. 局部振動の把握

　5 階外柱近傍床④に対する 5 階大梁中央近傍床⑤の鉛直加速度の伝達関数を求め，図 5.18 に示す．9.5Hz に明瞭なピークがあり，応答が大きく増幅している．このピーク振動数が大梁の 1 次固有振動数である．5 階大梁中央近傍床⑤に対する 5 階床中央⑥の鉛直加速度の伝達関数を求め図 5.19 に示す．10.1Hz に小さなピークがある．このピーク振動数が床版の 1 次固有振動数と考えられる．

　5 階外柱近傍床④に対する 5 階床中央⑥の鉛直加速度の伝達関数を求め図 5.20 に示す．伝達関数は 9.5Hz に大きなピーク，10.1Hz 近に小さなピークをもつ二峰性の形状をしている．床振動は，この 2 つのピークを含む 8～11Hz の狭い周波数範囲において大きく増幅されることがわかる．図 5.20 に，図 5.18 の伝達関数に図 5.19 の伝達関数を乗じた結果を重ね書きした．両者の結果はほぼ一致しており，柱近傍に対する床中央の伝達関数は，柱近傍に対する大梁中央の伝達関数と大梁中央に対する床中央の伝達関数の積である．柱近傍に対する大梁中央の応答倍率（図 5.18）は約 15，大梁中央に対する床中央の応答倍率（図 5.19）は約 2 であり，床スラブの振動は，床版よりも大梁によって支配されていることがわかる．

　全体振動と局部振動における 1 次の固有振動数と減衰比を表 5.3 にまとめて示す．表中の減衰比は $1/\sqrt{2}$ 法により求めた．なお，減衰比 h をピーク振動数における応答倍率 D から $D=1/2h$ の関係により求めると，大梁は 3.3％，床版は 1.6％になる．床版の減衰比に差が見られるのは，表 5.3 の減衰比 5.9％が大梁中央と床中央の伝達関数（図 5.19）から求めた床版単独の値であり，減衰比 1.6％が床版の振動を支配する大梁と床版との連成振動を考慮した伝達関数（図 5.20）から求めた値のためである．

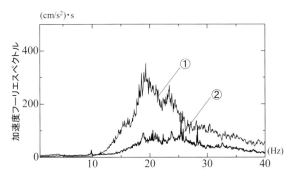

図 5.15 敷地境界と建物近傍地盤のフーリエスペクトル

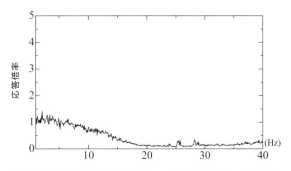

図 5.16 建物近傍地盤に対する 1 階外柱近傍床の伝達関数

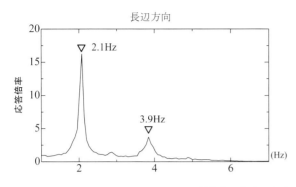

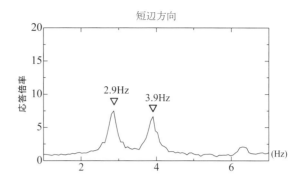

図 5.17　1 階外柱近傍床に対する 5 階外柱近傍床の水平振動の伝達関数

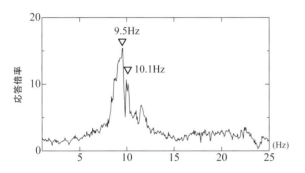

図 5.18　5 階外柱近傍床に対する大梁中央近傍床の伝達関数

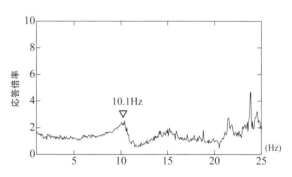

図 5.19　大梁中央近傍床に対する床中央の伝達関数

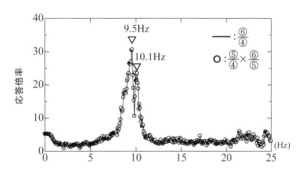

図 5.20　5 階床中央⑥の鉛直加速度の伝達関数

表 5.3　全体振動と局部振動における 1 次の固有振動数と減衰比

全体振動					
長辺方向		短辺方向		ねじれ	
固有振動数(Hz)	減衰比 (%)	固有振動数(Hz)	減衰比 (%)	固有振動数(Hz)	減衰比 (%)
2.1	2.9	2.9	4.3	3.9	3.1
局部振動					
大梁			床		
固有振動数(Hz)	減衰比 (%)		固有振動数(Hz)	減衰比 (%)	
9.5	3.5		10.1	5.9	

5.5　計測例Ⅲ：枠組み壁工法の木造 6 階建て実験棟

　建築物が柔らかい地盤上に建設される場合，あるいは建築物の塔状比が大きい場合，自然振動源や外部人工振動源に対して全体架構と地盤との相互作用の影響を無視できなくなることがある．このような場合，全体架構と地盤との相互作用の影響を把握できるような振動計測が必要になる．ここでは，建築物の周辺で道路交通振動が発生している振動環境下において，周囲振動を計測し，全体架構と地盤との相互作用を確認しつつ，全体架構の水平振動に関する固有振動数と減衰比を同定した例を示す．

5.5.1　建 物 概 要

　対象とした建築物は，国立研究開発法人建築研究所内の敷地に建てられている枠組壁工法の木造 6 階建ての実大実験棟 1),12),13)である．図 5.21 に示すように，北側の一般道路は交通量が少ないが，東側には大型車が通る比較的交通量の多い一般道路（国道 408 号・片側 2 車線）があり，実大実験棟内部でも揺れを感じる程度の道路交通振動が発生することがある．東側の道路境界線から実大実験棟までの最短距離は 32.6m である．なお，実大実験棟の基礎スラブは 11 本の鋼管杭（上杭 6m，下杭 6m の継杭）により支持されている．支持層は GL-13m，杭頭は GL-1m である．

5.5.2　センサネットワークの形成

　対象建物の周囲振動を計測するために，建物の外に置いた 1 台（A15）を除き，6 台の常時微動センサと 20 台の MEMS 加速度センサを 6 階建て建物の各階に設置した．振動センサの設置位置を図 5.22 に示す．常時微動センサは，各階の水平 2 方向・鉛直 1 方向を計測するために建物中央付近に設置した（M1～M6）．ただし，使用した常時微動センサは，1 方向の計測しかできないため，設置方向を変えて各方向 8 分間の計測を行った．MEMS 加速度センサは，各階のねじ

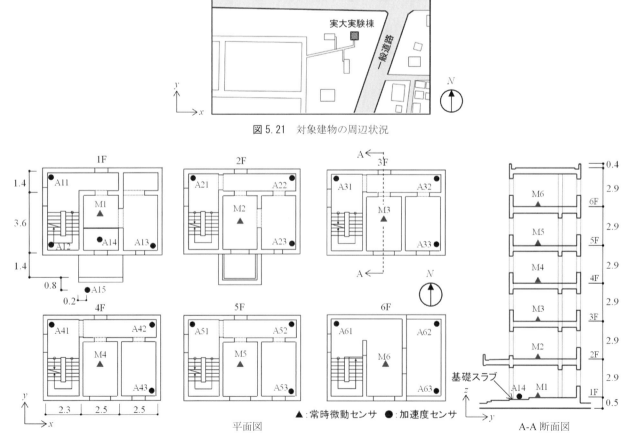

図 5.21　対象建物の周辺状況

図 5.22　実大実験棟の平面・断面とセンサ設置位置（単位：m）

れ成分と 1 階のロッキング成分を抽出するために各階の三隅に設置した（A11〜A63）．MEMS 加速度センサは設置してから撤去するまでの間は定置し，常時微動センサの各方向の計測時間（8 分間×3 回）を含み継続的に計測を行った．サンプリング振動数は，常時微動センサ，MEMS 加速度センサともに 200Hz とした．計測はデータの再現性を確認するために 2 度実施した．

5.5.3　計測データの処理と結果

　常時微動センサの時刻歴データ 8 分間を時間長さ 20.48 秒（データ長 4096 個）で 450 セグメント，MEMS 加速度センサの時刻歴データ 5 分間を時間長さ 20.48 秒（データ長 4096 個）で 250 セグメントにそれぞれ分割（セグメントどうしの重なる時間長さは 19.46 秒）し，各セグメントを高速フーリエ変換して加速度フーリエスペクトルを求め，スタッキング処理して振動数特性を検討した．

　実大実験棟の 1 階と 6 階で計測された建物中央における x 方向と y 方向の各 8 分間の加速度時刻歴データを図 5.23 に示す．加速度時刻歴データには，東側の一般道路の車両走行による交通振動が混在している．スタッキング処理した各階の加速度フーリエスペクトルを図 5.24 に示す．各階の加速度フーリエスペクトルは，x 方向も y 方向もそれぞれ単一の卓越振動数で鋭く立ち上がっており，5Hz 以上の高振動数領域では極めて小さくなっている．対象建物の x 方向も y 方向もそれぞれ一つの卓越振動数をもつ正弦波的な揺れに支配されていることが確認できる．

　1 階の建物中央における加速度時刻歴データを入力，6 階の建物中央における加速度時刻歴データを応答と考えて求めた x 方向と y 方向の伝達関数を図 5.25 に示す．x 方向と y 方向ともに 3 つのピークの立ち上がりが明確に見られる．これらのピーク振動数は，上部構造の 1〜3 次の固有振動数である．それぞれのピーク振動数における各階の応答倍率を高さ方向（z 方向）にプロットしてみると，図 5.26 に示すように，一般的な 1 次〜3 次のモード形を示していることが確認できる．上部構造の x 方向と y 方向の 1〜3 次の固有振動数と 1 次の減衰比を表 5.4 にまとめて示す．鉄筋コンクリート造や鉄骨造と同様に，固有周期が建築物高さに比例すると考えれば，最近の木造 2 階建ての 1 次固有周期は 0.2〜0.3 秒程度[14]であるので，6 階建てになれば 1〜2Hz 程度になる．これに比べると，実大実験棟の 1 次の固有振動数はかなり大きい．表 5.4 に示した$1/\sqrt{2}$ 法で算定した 1 次減衰比は 1〜2％であり，通常の木造建築物の減衰比が 4％程度[15]であることを考えるとかなり小さい．また，各方向の 1 次固有振動数は，図 5.24 に示した対応する方向の卓越振動数とも異なっていることから，卓越振動数は上部構造の固有振動数ではないことが推察される．

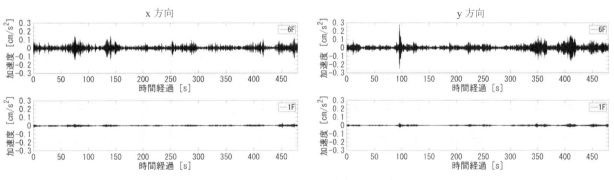

図 5.23　1 階と 6 階の加速度時刻歴データ

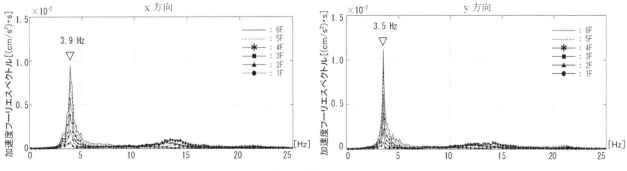

図 5.24　各階の加速度フーリエスペクトル

建築物の1階三隅に設置したMEMS加速度センサの加速度時刻歴データを利用して，ロッキングに関して検討する．基礎構造の剛性が十分に大きいと考えられる場合，三隅に置いた加速度センサのうち，x方向に並ぶ2台のセンサのz方向の加速度時刻歴データの差をとって2台のセンサ間の距離で除することにより，y軸回りの角加速度が得られる．同様に，y方向に並ぶ2台のセンサのz方向の加速度時刻歴データの差をとって2台のセンサ間の距離で除することにより，x軸回りの角加速度が得られる．y軸回りとx軸回りの角加速度フーリエスペクトルを求めた結果を図5.27に示す．角加速度フーリエスペクトルには，y軸回りとx軸回りともに鋭い立ち上がりが見られ，これらの振動数がy軸回りとx軸回りのロッキングの固有振動数であることが確認できる．さらに，y軸回りのロッキングの振動数は図5.24のx方向の卓越振動数と一致し，x軸回りのロッキングの振動数は図5.24のy方向の卓越振動数と一致している．すなわち，建築物の中で感じるx方向とy方向の卓越振動数は，上部構造の固有振動数ではなく，地盤－構造物相互作用に起因する基礎構造のロッキングの振動数である．これは，対象建物がほとんど剛体的なロッキングで揺れており，上部構造の変形による建物全体の揺れへの寄与は，ロッキングに比べて極めて小さいことがわかる．このような場合には，地盤ばねの同定が不可欠となる．

　近傍地盤の計測点（A15）に対する1階床中央の加速度時刻歴データの水平方向の伝達関数を図5.28に示す．X方向のピークは図5.27のy軸回りの角加速度のピークと一致し，y方向のピークは図5.27のx軸回りの角加速度のピークと一致している．この伝達関数からも，基礎スラブのロッキングの振動数を同定できることがわかる．また，10Hz以上の高振動数領域では応答倍率が1.0以下であり，周辺地盤よりも基礎スラブの応答が小さく，基礎スラブによる入力損失効果が確認できる．

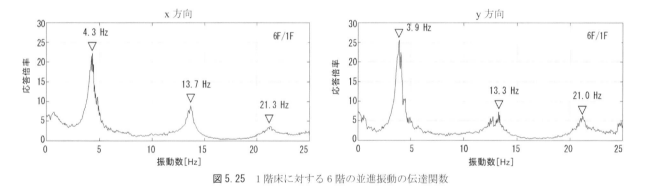

図5.25　1階床に対する6階の並進振動の伝達関数

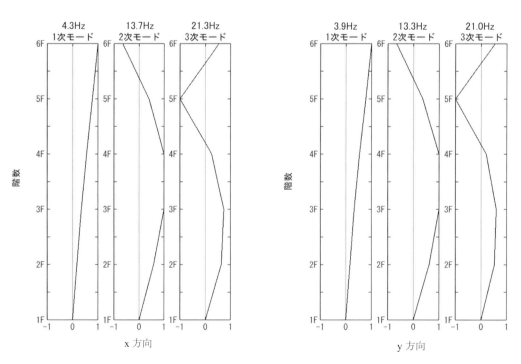

図5.26　1次～3次の並進振動のモード形

表 5.4　固有振動数と減衰比

		固有振動数 [Hz]			1 次減衰比 [%]
		1 次	2 次	3 次	
x 方向	6F/1F	4.3	13.7	21.3	2.0
y 方向	6F/1F	3.9	13.3	21.0	1.4

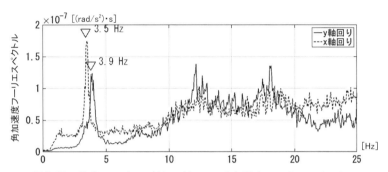

図 5.27　基礎スラブの x 軸と y 軸回りの角加速度フーリエスペクトル

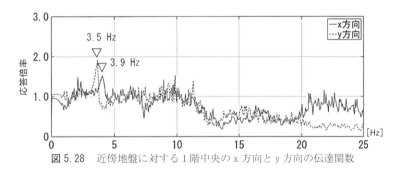

図 5.28　近傍地盤に対する 1 階中央の x 方向と y 方向の伝達関数

参 考 文 献

1)　濱本卓司, 国松直, 平尾善裕, 小林正純：周囲振動に対する 6 階建て木造枠組壁工法実験棟の振動計測, 日本建築学会技術報告集, Vol. 25, No. 59, pp. 215-218, 2019. 2

2)　濱本卓司：設計から見た環境振動計測の重要性, 建物の環境振動を巡る最近の話題, 音響技術, Vol. 46, No. 4, pp. 53-57, 2017. 12

3)　濱本卓司：計測による性能確認, 居住性能の性能ランクと設計フロー, 第 36 回環境振動シンポジウム, 日本建築学会, pp. 78-83, 2018. 1

4)　日本建築学会：環境振動・固体音の測定技術マニュアル, オーム社, 1999

5)　崔井圭：計測による性能確認, 環境振動設計指針の策定に向けて　―設計と計測―, 第 37 回環境振動シンポジウム, 日本建築学会, pp. 65-70, 2019. 1

6)　Safak E.: Detection and Identification of Soil-Structure Interaction in Buildings from Vibration Recordings, Journal of Structural Engineering, Vol.121, No.5, ASCE, pp.899-906, 1995

7)　原口圭, 神田順, 稲垣光剛：常時微動測定による中低層建物を対象とした地盤・建物相互作用系の同定手法, 日本建築学会構造系論文集, No. 564, pp.31-37, 2003.2

8)　濱本卓司, 小林正純, 崔井圭：周囲振動に対するオフィスビル（RC 造）のモード特性の推定, 日本建築学会技術報告集, Vol. 25, No. 60, pp. 731-736, 2019. 6

9)　Ewins, D.J.：Modal Testing: Theory and Practice, Research Studies Press, 1984

10)　Batel, M.：Operational Modal Analysis – Another Way of Doing Modal Testing, Sound and Vibration, pp.22-27, 2002.8

11)　濱本卓司, 崔井圭, 富岡昭浩：MEMS 加速度センサによる SRC 造オフィスビルの振動計測, 日本建築学会技術報告集, Vol. 25, No. 60, pp. 737-740, 2019. 6

12)　国松直, 濱本卓司, 平尾善裕, 小林正純：外部加振に対する 6 階建て木造枠組壁工法実験棟の振動計測, 日本建築学会技術報告集, Vol. 25, No. 59, pp. 219-222, 2019. 2

13)　濱本卓司, 国松直, 平尾善裕, 小林正純：内部加振に対する 6 階建て木造枠組壁工法実験棟の振動計測, 日本建築学会技術報告集, Vol. 26, No. 61, pp. 1149-1154, 2019. 10

14)　坂本功：木造建築を見直す, 岩波新書, 2000

15)　宋成彬, 曽田五月也：木質構造の減衰, シンポジウム　建築物の減衰と振動, 日本建築学会, pp. 73-76, 2017. 9

索　　引

【ろ】

表紙デザイン　　西田建一（西田商会）

居住性能確保のための環境振動設計の手引き

2020 年 6 月 20 日　第 1 版第 1 刷

編　　集
著 作 人　　　　一般社団法人　日本建築学会

印 刷 所　　　　共 立 速 記 印 刷 株 式 会 社

発 行 所　　　　一般社団法人　日本建築学会

　　　　　　　　108-8414　東京都港区芝 5－26－20
　　　　　　　　電　話・　(03) 3456-2051
　　　　　　　　F A X・　(03) 3456-2058
　　　　　　　　http://www.aij.or.jp/

発 売 所　　　　丸 善 出 版 株 式 会 社

　　　　　　　　101-0051　東京都千代田区神田神保町 2-17
　　　　　　　　　　　　　　　　　　　神田神保町ビル
　　　　　　　　電　話・　(03) 3512-3256

©日本建築学会 2020

ISBN978-4-8189-2670-7　C3052